Dieter Krowatschek

Alles über ADS

Ein Ratgeber für Eltern und Lehrer

Walter Verlag

Die Deutsche Bibliothek – CIP-Einheitsaufnahme

Krowatschek, Dieter:
Alles über ADS : ein Ratgeber für Eltern und Lehrer / Dieter Krowatschek. –
Düsseldorf : Walter, 2001
ISBN 3-530-40121-8

© 2001 Patmos Verlag GmbH & Co. KG
2. Auflage 2001
3. Auflage 2002
Walter Verlag, Düsseldorf und Zürich
Umschlaggestaltung: Groothuis & Consorten, Hamburg
Satz: KompetenzCenter Urban, Düsseldorf
Druck: Grafo S. A., E-Basauri
ISBN 3-530-40121-8
www.patmos.de

Inhaltsverzeichnis

Ich kenne einen kleinen Mann,
bei dem arbeiten zehn Millionen Männer,
die nie zur Ruhe kommen!
Er schickt sie überall hin.
Wenn er morgens seine Augen öffnet,
gibt es eine Million Wie?, zwei Millionen Wo?
und sieben Millionen Warum?

(nach Rudyard Kipling)

Vorbemerkung

In den letzten zehn Jahren kann man beobachten, daß immer mehr ADS-Kinder in den Sprechstunden der Psychologen und Kinder- und Jugendpsychiater erscheinen. Dabei umfaßt die Gruppe der ADS-Kinder heute eine viel größere Anzahl von jüngeren Kindern als noch vor einigen Jahren. Manche sind erst drei Jahre alt. Immer mehr Mädchen befinden sich unter ihnen. Scheinbar gehört man heute bei einer sehr viel geringeren Symptomatik zu ADS-Kindern als früher. Die heutigen Tom Sawyers, Pippi Langstrumpfs und Roten Zoras entsprechen offensichtlich nicht den Erwartungen, wie Kinder in der Schule und zu Hause zu funktionieren haben. Viele von ihnen erhalten bereits Medikamente wie Ritalin®.

ADS-Kinder sind in einer Außenseiterposition.

Dennoch scheint ihre Unterstützung durch Familie und Schule sich zusehends zu verringern. Erziehungsziele wie Konsequenz, Klarheit der Anweisungen, positiver Kontakt, Vorbildwirkung werden nur selten verwirklicht. Sie können aufgrund des Mangels an Zeit für Kinder, wegen der harten Anforderungen für berufstätige Eltern, durch die elektronischen Medien, die den Freizeitbereich dominieren, und ein rasantes Lebenstempo kaum noch vermittelt werden.

Unkonzentriertheit und Verhaltensauffälligkeiten vieler ADS-Kinder stellen zweifellos eine besondere Belastung für Eltern und Lehrkräfte dar. Dennoch brauchen ADS-Kinder unsere ganze Unterstützung. Dieses Buch möchte Eltern und Lehrern Mut machen, ihre ADS-Kinder besser zu verstehen und mit ihnen anders, entspannter und effektiver umzugehen – ohne dabei gleich auf Medikamente zurückgreifen zu müssen.

Was ist ADS?

Fragen über Fragen

Ein Schulpsychologe sammelte einmal die Fragen, die man ihm in seiner Sprechstunde zu ADS-Kindern stellte. Eltern, die ein ADS-Kind haben, stehen vor vielen Problemen und suchen nach Lösungen. Ihr Alltag ist von Sorgen überschattet. Aber auch die Lehrkräfte zeigen große Unsicherheiten im Umgang mit ADS-Kindern.

Die meisten Fragen lassen sich sachlich beantworten, und dies kann Eltern und Lehrkräfte zumindest teilweise entlasten. Für manche jedoch gibt es keine Erklärung. Die am häufigsten gestellten Fragen lauten:

Was ist ADS und warum hört man heute so viel darüber?

Hat die Anzahl der Kinder mit Aufmerksamkeitsstörungen zugenommen?

Mein Kind bemüht sich, aber es scheitert. Was mache ich falsch?

Die große Schwester hat keinerlei Probleme in der Schule. Ich habe sie auch nicht anders erzogen als dieses Kind. Warum funktioniert es jetzt nicht?

Bei manchen Beschäftigungen kann er sich prima konzentrieren – bei anderen überhaupt nicht. Ist er vielleicht nur faul?

Warum gibt er so schnell auf?

Wenn er ausrastet, bin ich ganz hilflos. Wie reagiere ich am besten?

Ist ADS ererbt?

Hat es mit der Ernährung zu tun?

Sie hat keine Freundinnen; hängt das auch mit ADS zusammen?

Er sagt: »Ich kann nicht einschlafen.« Will er nur länger aufbleiben?

Sein Selbstbewußtsein ist sehr gering. Ich mache mir Sorgen. Was kann ich tun?

Seine Lehrerin sagt, daß er keinesfalls ADS habe, weil er aufpaßt, wenn es ihn interessiert. Stimmt das?

Gibt es besondere Tests, um ADS festzustellen?

Mein Hausarzt ist der Meinung, daß es nicht ADS sein kann, weil unser Sohn beim Fernsehen und Videospielen aufmerksam ist. Hat er recht?

Die Schule verlangt von uns, daß wir ihm ein Medikament verschreiben lassen. Darf sie das?

Welches Erscheinungsbild zeigt ein typisches ADS-Kind?

Ich habe mit drei Lehrkräften, meinem Hausarzt, einem Kinder- und Jugendpsychiater, einem Schulpsychologen und Lerntherapeuten gesprochen. Ihre Meinungen gehen weit auseinander. Das hat mich so verwirrt, daß ich jetzt immer noch nicht weiß, ob mein Kind ADS hat oder nicht. Was kann ich tun?

Die Schule sagt, ich könne bei ADS nichts machen. Stimmt das?

Die Lehrerin meines Sohnes sagt, sie habe 28 Kinder in der Klasse, sie könne auf unser Kind keine Rücksicht nehmen. Ist sie dazu nicht verpflichtet?

Warum bekommen die meisten Kinder sofort Ritalin? Gibt es keine Alternativen?

Wie steht es mit den Nebenwirkungen bei den Psychopharmaka? Machen sie süchtig?

Wie lange gibt man Ritalin?

Wie kann ich erkennen, wann ich mit den Pillen Schluß machen kann?

Mein Neffe bekommt Ritalin, und es funktioniert ausgezeichnet. Warum wirkt es nicht bei meinem Sohn?

Er hat das Ritalin immer ganz regelmäßig genommen. Jetzt ist er 12. Er verweigert seit zwei Wochen die Einnahme der Tabletten. Was soll ich tun?

Ein Weihnachtsgeschenk

Im Dezember 1844 macht sich der Frankfurter Arzt Dr. Heinrich Hofmann auf die Suche nach einem Weihnachtsgeschenk für seinen dreijährigen Sohn Carl. Am liebsten wäre ihm ein Bilderbuch; aber alles, was er in den Buchhandlungen findet, gefällt ihm nicht. Er ärgert sich über die uninteressanten Abbildungen und die vielen nüchternen Belehrungen, Vorschriften und Ermahnungen in den Kinderbüchern. Der enttäuschte Vater, der seinem Sohn zum ersten Mal ein Buch schenken möchte, kauft sich daraufhin ein leeres Schreibheft. Dahinein malt und schreibt er nun die *Struwwelpetergeschichten*, die wir heute noch kennen. Zur Bescherung liegt dann das fertige Bilderbuch unter dem Weihnachtsbaum, und Carl hat, wie Hofmann schreibt, »seine helle Freude daran«. Der *Struwwelpeter* ist also das ganz persönliche Geschenk eines Vaters für seinen Sohn.

Hofmann läßt sich überreden und gibt das Heft einem befreundeten Verleger. Das Buch wird ein Riesenerfolg. Wer kennt ihn nicht, den *Struwwelpeter*, der sich seine langen Haare und Nägel nicht schneiden lassen will? Es gibt Kinder, die den *Struwwelpeter* immer wieder vorgelesen haben möchten, und andere, die das Buch am liebsten zerreißen würden, weil es sie erschreckt und ihnen Angst einjagt. Tatsächlich benutzen manche Erwachsene den *Struwwelpeter* als Drohung, um Kindern zu zeigen, was man alles nicht machen darf und welche schlimmen Folgen es haben kann.

Im *Struwwelpeter* steht die Geschichte vom *Zappelphilipp*. Es ist wahrscheinlich die erste bekannte Beschreibung eines hyperaktiven Kindes.

Als der sechsjährige Sven in der Sprechstunde des Schulpsychologen von seinen Eltern vorgestellt wird, denkt jeder sofort an den *Zappelphilipp*. Heinrich Hofmann hat viel Richtiges beschrieben – doch auch manches nicht erfaßt. Sven hüpft von Stuhl zu Stuhl. Er rast durch den Raum, faßt alles an, rudert und schlenkert mit den Armen und macht ständig das Licht an und aus: ein echter Zappelphilipp. Und wie in der Geschichte vom *Zappelphilipp* geht er allen auf die Nerven. Der Vater ermahnt und versucht ihn zu disziplinieren, die Mutter ist sprachlos. Sie greift nicht mehr ein und blickt schuldbewußt vor sich auf den Tisch. Die Eltern verhalten sich so, wie es schon in der Geschichte vom *Zappelphilipp* beschrieben wird:

> *Ob der Philipp heute still*
> *wohl bei Tische sitzen will?*
> *Also sprach im ernsten Ton*
> *der Papa zu seinem Sohn,*
> *und die Mutter blickte stumm*
> *auf dem ganzen Tisch herum ...*

Der Zappelphilipp heute

Im Unterschied zum *Zappelphilipp* plappert Sven in der Sprechstunde ununterbrochen. Ein Gespräch der Erwachsenen ist nicht möglich, weil Sven es fortwährend unterbricht. Die Aufforderung, einen Moment zu warten, macht auf ihn nicht den geringsten Eindruck und kann seinen Redefluß nicht unterbinden. Schließlich wird er in den Spielraum geschickt, wo noch andere Kinder warten und sich gerade mit einer Kugelbahn beschäftigen. Er platzt mitten in ihr Spiel hinein und versucht sofort, das Kommando zu übernehmen. Die Kinder sind nicht einverstanden, überlassen ihm aber das Spiel und wenden sich anderen Dingen zu. Jetzt hat er alles für sich. Er hantiert irgendwie an der Kugelbahn herum und läßt schnell wieder von ihr ab. Er ist nicht fähig, nur eine kurze Zeit ruhig und konzentriert zu spielen.

Diese Gruppe von Kindern in ihren unterschiedlichsten Varianten rückte in den letzten Jahren immer mehr in das Blickfeld der Psychologie, der Kinder- und Jugendpsychiatrie sowie der Pädagogik – ADS-Kinder. Sie frustrieren die Lehrkräfte, ermüden ihre Eltern und lösen Ängste bei Psychologen und Therapeuten aus.

Sie sehen aus wie alle anderen Kinder, ihr Verhalten aber unterscheidet sie von anderen. Oft sind sie außerordentlich impulsiv, nur schwer zu kontrollieren und zu disziplinieren. Sie sprechen fortwährend ungefragt dazwischen und können sich nur sehr schlecht zurückhalten.

Sie können kaum Aufmerksamkeit entwickeln, geschweige denn aufrechterhalten. Die Konzentration auf eine Sache ist für sie fast unmöglich. Sie sind zudem nicht in der Lage, Ablenkungen abzuwehren bzw. Störreizen zu widerstehen. Ihre Konzentrationsfähigkeit in der Schule und bei den Hausaufgaben ist außerordentlich schlecht.

Sie haben Schwierigkeiten, mit Regeln umzugehen, haben Probleme mit anderen Kindern, sind motorisch unruhig und lernen nicht aus falschem Verhalten. Ihre Reaktionen kann man nicht vorhersagen, und ihr Selbstwertgefühl ist sehr gering. Erstaunlicherweise geht die Mehrzahl dieser Kinder allerdings sehr gern zur Schule und ist darüberhinaus gesundheitlich sehr widerstandsfähig. Auch bei strenger Kälte sind sie oft nur mit einem T-Shirt bekleidet und nur selten krank. Vielleicht hat schon so manche Lehrkraft heimlich gedacht: »Über die Hälfte der Klasse hat Grippe und fehlt. Könnte nicht auch dieses Kind vielleicht ein paar Tage ...«

Der amerikanische Kinderpsychologe Russell A. Barkley (1990) spricht von der sog. »Heiligen Dreifaltigkeit« der Symptome und faßt sie folgendermaßen zusammen:

- gestörte Konzentrationsfähigkeit verbunden mit hoher Ablenkbarkeit,
- geringe Selbstkontrolle und ausgeprägtes impulsives Verhalten,
- auffällige motorische Unruhe.

ADS – die Aufmerksamkeits-Defizit-Störung

In den Vereinigten Staaten hat sich die Anzahl der Kinder, denen seit 1990 die Diagnose ADS (Aufmerksamkeits-Defizit-Störung oder Aufmerksamkeits-Defizit-Syndrom) gestellt wurde, in den letzten Jahren von 900 000 auf nahezu fünf Millionen erhöht (Diller 1998). In Deutschland nimmt die Zahl der ADS-Kinder ebenfalls ständig zu. Die Schätzungen bewegen sich zwischen zehn und zwanzig Prozent (Döpfner et al., 2000). Für andere Länder liegen ähnliche Zahlen vor.

Auch die Bemühungen, ADS als Krankheit anzusehen, nehmen zu. Es ist nicht mehr ungewöhnlich, daß jemand davon spricht, er habe ADS so wie andere Asthma, Diabetes oder gar eine Grippe. Dabei wird unterstellt, daß ADS ausschließlich biologische Ursachen hat und daß beispielsweise hyperaktives Verhalten vor allem aufgrund neurologischer Beeinträchtigungen entsteht. Eine Reihe von Eltern und Lehrkräften fühlen sich entlastet, wenn sie ADS als Krankheit interpretieren und verstehen können.

Die große Mehrzahl der Eltern nimmt normalerweise Anteil daran, wie sich ihre Kinder in der Schule entwickeln und wie sie ihre Freizeit gestalten. Man spürt, daß es heute komplizierter ist, ein Kind großzuziehen. Es ist ein Herausforderung. Wenn beispielsweise die Lehrerin, der Kinderarzt oder jemand anderes sagt: »Ich glaube, ihr Kind hat Konzentrationsstörungen!« oder »Vielleicht ist Ihr Junge hyperaktiv?«, so lösen solche Aussagen bei Eltern unterschiedlichste Reaktionen aus. Viele nehmen eine ablehnende Haltung ein und ignorieren zunächst diese Beobachtungen. Andere werden ärgerlich. Einige halten es zumindest für möglich, fühlen sich aber sofort schuldig und angegriffen. Manche sehen Konzentrationsstörungen als ein medizinisches Problem an und sprechen jedem, der nicht Arzt ist, das Recht ab, hierzu

Aussagen zu machen. Ein großer Teil der Eltern aber kennt wohl die Verhaltensprobleme des eigenen Kindes und weiß auch um die Konzentrationsstörungen, hofft aber und vertraut ein wenig darauf, daß sich möglichst bald alles verbessert und keinerlei Interventionen notwendig werden. Einige wenige gehen mit den Konzentrationsstörungen ihres Kindes pragmatisch um und suchen nach Lösungen.

Die ADS-Symptome definierte man in den letzten Jahrzehnten ganz unterschiedlich, je nachdem, welche Symptome als besonders wichtig angesehen wurden. So bezeichnete man die Hyperaktivität von Kindern um die Jahrhundertwende als »Stillsche Krankheit«, interpretierte sie noch vor einigen Jahren als eine minimale zerebrale Dysfunktion (frühkindliche Hirnschädigung), zählte sie schließlich zu den Teilleistungsstörungen und faßte sie als eine Wahrnehmungsstörung oder als eine Nahrungsallergie auf, etc.

Heute ist **ADS** (Aufmerksamkeits-Defizit-Störung) die deutschsprachige Umsetzung des amerikanischen Begriffes **ADD** (AttentionDeficitDisorder) – bzw. **ADHD** (AttentionDeficitHyperactivityDisorder) = **ADHS** (Aufmerksamkeits-Defizit-Hyperaktiviäts-Störung).

Die Diagnostik von ADS-Kindern erfolgt dabei nach zwei unterschiedlichen Diagnose-Manualen, die im großen und ganzen ähnliche Beschreibungen liefern.

ADS nach dem amerikanischen Diagnosemanual

Bei der Aufmerksamkeits-Defizit-Hyperaktivitäts-Störung (ADHS) werden nach dem Diagnostischen und Statistischen Manual der Amerikanischen Psychiatrischen Vereinigung **DSM-IV** (Saß et al., 1996) drei Gruppen diagnostisch voneinander unterschieden:

1. Aufmerksamkeits-Störung mit Hyperaktivität / Impulsivität (vorwiegend unaufmerksam und hyperaktiv / impulsiv ⇒ Mischtypus),

2. Aufmerksamkeitsstörung ohne Hyperaktivität (vorwiegend unaufmerksam),

3. Hyperaktivitäts-, Impulsivitätsstörung ohne Aufmerksamkeitsstörung (vorwiegend hyperaktiv / impulsiv).

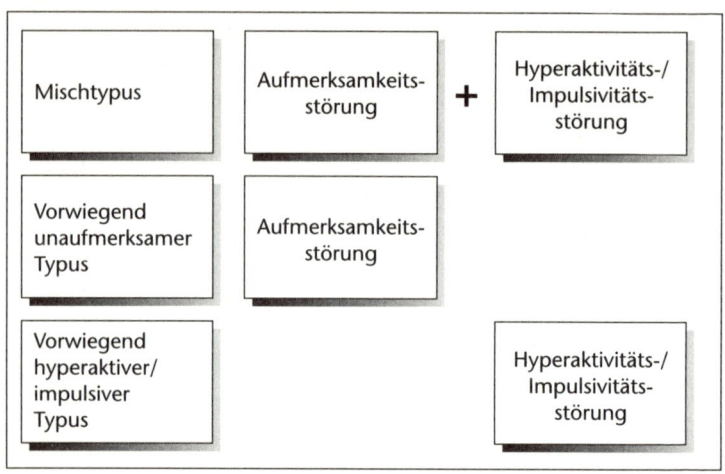

Abbildung 1: *ADS nach dem Statistischen Manual der Amerikanischen Psychiatrischen Vereinigung – DSM-IV*

Das **DSM-IV** ist sozusagen ein Kriterienkatalog, der die Leitlinien zur Feststellung psychischer Auffälligkeiten und Erkrankungen enthält. Zu diesen Auffälligkeiten gehört auch die Aufmerksamkeitsdefizit-Hyperaktivitätsstörung. Die Leitlinien des **DSM-IV** geben dem Kinder- und Jugendpsychiater oder Psychologen die entsprechenden Hinweise, wie er feststellen kann, ob ADS vorliegt. Dabei sind bereits bei der Ausarbeitung der Kriterien für ADS Diskussionen entstanden, weil keine klaren Grenzen zwischen normal aktiven und hyperaktiven Kindern existieren. Genauso bereitet die Abgrenzung normal ablenkbarer Kinder von solchen mit einer Aufmerksamkeitsstörung Schwierigkeiten. Die Ansichten darüber, was in diesem Bereich normal ist, können sehr stark variieren und zudem von ganz unterschiedlichen Situationen abhängen. Von daher sind Fehldiagnosen unvermeidbar. Schon der Verfasser der Leitlinien des **DSM-IV** hat darauf hingewiesen, daß im Bereich der ADS-Diagnostik mit

Fehldiagnosen von bis zu 30 % zu rechnen ist. So ist es nicht weiter erstaunlich, daß bei der Diagnostik von ADS viele Probleme auftreten. Zunächst einmal müssen bei ADS mit und ohne Hyperaktivität mehrere Bedingungen erfüllt sein, um die Störung überhaupt diagnostizieren zu können.

▶ Das Verhalten tritt seit mindestens sechs Monaten auf

▶ Die Symptome waren schon vor dem siebten Lebensjahr vorhanden (auch wenn sie noch nicht diagnostiziert wurden)

▶ Sie treten in verschiedenen Bereichen (z. B. Schule, Familie, Freizeitbereich) auf

▶ Die soziale und schulische Funktionsfähigkeit ist herabgesetzt

▶ Das Ausmaß der Störung zeigt sich als unvereinbar mit dem jeweiligen Entwicklungsstand des Kindes

Abbildung 2: *Vorbedingungen für die Diagnostik von ADS nach DSM-IV*

Aufmerksamkeitsstörung mit Hyperaktivität / Impulsivität

ADS-Kinder mit einer Aufmerksamkeitsstörung und Hyperaktivität / Impulsivität (ADHS) zeigen vor allem Auffälligkeiten in vier Bereichen, sie sind:
- unaufmerksam und ablenkbar
- überaktiv
- impulsiv und
- wenig ausdauernd.

Neben Tobias möchte in der Schule kein Kind sitzen. Am Gruppentisch ist er ständig in Bewegung, nimmt an allem Anteil und kommt dabei selbst nicht zum Arbeiten. Auf Tagesplan- oder Wochenplanarbeit läßt er sich kaum ein, da er so viele Arbeitsaufträge nicht überschauen und erfüllen kann. Er kommentiert alles, was seine Nachbarn machen, und ruft ständig unaufgefordert Antworten in die Klasse. Seine Lehrerin hat ihn an einen Einzeltisch in der Nähe ihres Pultes plaziert. Jetzt geht es besser. Kommt er in die Sprechstunde, kann er es kaum ertragen, wenn für eine kurze Zeit ausschließlich mit seiner Mutter gesprochen wird. Er redet dann fortwährend dazwischen und hampelt unter, neben und teilweise sogar auf dem Tisch herum. Manchmal darf er mit einem Rollbrett über den Flur rollen. Auch dann kommt er schon nach kurzer Zeit zurück und hat keine Lust mehr.

Die Verhaltensproblematik des aufmerksamkeitsgestörten und hyperaktiven / impulsiven Kindes stellt eine besondere Belastung für Eltern und Lehrkräfte dar. Sie fühlen sich ständig zum Aufpassen, zum Einschreiten und zum Begrenzen aufgefordert. Sie werden provoziert und haben den Eindruck, daß diese Kinder willentlich und wider besseres Wissen Appelle und Ermahnungen mißachten und die gesetzten Grenzen überschreiten. Sie stellen fest, daß ihre Reaktionen und Maßnahmen in der Regel die Beziehung zum hyperaktiven Kind ständig verschlechtern und die Symptomatik eher verstärken.

Laut dem amerikanischen Diagnosemanual DSM-IV liegen bei Aufmerksamkeitsstörungen jeweils neun Symptome vor:

Aufmerksamkeitsstörung
- Flüchtigkeitsfehler bei Aufgaben
- geringe Ausdauer
- scheinbar schlechtes Zuhören
- bringt Tätigkeiten häufig nicht zu Ende
- Organisationsprobleme
- Vermeidung länger dauernder geistiger Anstrengungen
- Verlust von Materialien
- Ablenkbarkeit
- Vergeßlichkeit.

Folgende sechs Symptome beziehen sich auf Hyperaktivität und die übrigen drei auf Impulsivität:

Hyperaktivität

■ Zappeln, auf dem Stuhl herumrutschen
■ Herumlaufen, aufstehen in unpassenden Situationen
■ Schwierigkeiten mit ruhigem Spiel
■ Getriebenheit
■ Redseligkeit.

Impulsivität

■ vorzeitiges Herausplatzen mit Antworten,
■ Unterbrechen und stören anderer,
■ Schwierigkeit abzuwarten, bis man an der Reihe ist.

Wie wird nun aus diesen Auflistungen die Diagnose erstellt? Wenn bei einem Kind, einem Jugendlichen oder einem Erwachsenen jeweils sechs oder mehr Punkte in **beiden** Auflistungen zutreffen (Aufmerksamkeitsstörung und Hyperaktivität/Impulsivität), lautet die Diagnose idealtypisch: Aufmerksamkeitsstörung **mit** Hyperaktivität/Impulsivität (vorwiegend aufmerksamkeitsgestörter und hyperaktiver/impulsiver Typus (Mischtypus). Kinder dieser Gruppe zeigen also hohe Unaufmerksamkeit verbunden mit starker motorischer Unruhe und sehr ungesteuertem Verhalten.

ADS ohne Hyperaktivität

Ist ein Kind in sechs oder mehr Punkten im Bereich der Aufmerksamkeitsstörung auffällig und ist es bei den Merkmalen zur Hyperaktivität und Impulsivität wenig auffällig, liegt idealtypisch eine Aufmerksamkeitsstörung ohne Hyperaktivität (vorwiegend unaufmerksamer Typus nach DSM-IV) vor. ADS-Kinder ohne Hyperaktivität stören im allgemeinen den Unterricht nicht. Ihr Verhalten macht den Lehrkräften kaum Probleme. Sie sind meistens durchschnittlich und höher begabt. Die Aufmerksamkeitsstörung führt bei ihnen aber zu deutlichen Leistungseinschränkungen. Die Mehrzahl dieser Kinder verfügt über ein sehr geringes Selbstbewußtsein. Sie werden häufig als »verträumt« beschrieben, ziehen sich leicht zurück und wirken ruhig und sehr angepaßt. Ihre Lehrer gehen in der Regel davon aus, daß es sich bei diesen Kindern um sogenannte »Spätzünder« handelt. So trösten sie oft die Eltern und versprechen ihnen, daß bei diesem »netten« Kind schon alles in Ordnung kommen werde. Leider ist dies dann meistens nicht der Fall.

Die Eltern aber kennen die Aufmerksamkeitsstörungen häufig sehr genau aus der Hausaufgabensituation. Das Verhalten bei den Hausaufgaben bringt sie nahezu zur Verzweifelung. Eine Mutter berichtet:»Anja besucht das dritte Schuljahr. Sie benötigt für ihre Hausaufgaben drei bis vier Stunden. Wenn wir um 14.00 Uhr anfangen, denke ich, hoffentlich schaffen wir alles bis 17.00 Uhr, weil ich noch einkaufen muß und einen Termin beim Zahnarzt habe...«. Es sind die langsamen Kinder, die keinen Anfang finden und die Konzentration nur schwer aufrechterhalten können. Es sei denn, sie haben selbst etwas vor, dann arbeiten sie durchaus zügiger. Da sie als eher »pflegeleicht« gelten, glaubt jeder an zukünftige Verbesserungen. Meistens aber wartet man vergeblich darauf. Die Kinder geraten von Schuljahr zu Schuljahr in größere Schwierigkeiten, und nicht selten scheitern sie in der Regelschule.

Hyperaktivität ohne Aufmerksamkeitsstörung

Der Leser wird festgestellt haben, daß in der Beschreibung der aufmerksamkeitsgestörten Kinder laut Merkmalsauflistung DSM-IV noch ein Typus fehlt. Es handelt sich hierbei um Kinder, die in der Hauptsache hyperaktiv und impulsiv sind, aber keine Aufmerksamkeitsstörungen zeigen.

Nach Ansicht vieler Fachleute (Phelan 2000[2]) spielt diese Gruppe keine so große Rolle. Es sind Kinder, die im Alter von vier bis sieben Jahren sehr lebhaft, unruhig, schwer zu steuern und ungeduldig sind. Sie können sich aber noch genauso lange konzentrieren wie die anderen Kinder ihrer Altersgruppe. Im dritten und vierten Schuljahr zeigt sich dann, daß auch ihre Konzentrationsfähigkeit schlechter wird. Zusätzlich zu ihrem unruhigem Verhalten fällt es ihnen sehr schwer, aufmerksam zu sein. Damit gehören sie jetzt in die Gruppe der ADS-Kinder mit Aufmerksamkeitsstörungen und Hyperaktivität / Impulsivität.

ADS nach einer weiteren Klassifizierung

Ein anderes Klassifizierungsschema, die **ICD 10** – Internationale Klassifikation psychischer Störungen – (Dilling et al., 1994) unterscheidet:
1. Einfache Aufmerksamkeits- und Hyperaktivitätsstörung (F 90.0) (vorwiegend unaufmerksam, hyperaktiv, impulsiv),
2. Hyperkinetische Störung des Sozialverhaltens (F 90.1) (vorwiegend unaufmerksam, hyperaktiv, impulsiv und Störung des Sozialverhaltens).

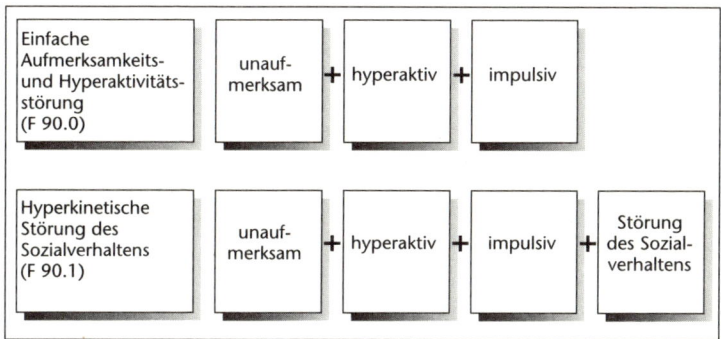

Abbildung 3: *Diagnostik von ADS nach ICD 10*

Die **ICD 10** bezeichnet als Hauptmerkmale für eine hyperkinetische Störung eine Kombination aus überaktivem, wenig moduliertem Verhalten (⇒ Hyperaktivität) mit deutlicher Unaufmerksamkeit und offensichtlichem Mangel an Ausdauer bei Aufgabenstellungen. Impulsivität wird nur als Begleitmerkmal berücksichtigt.

Entscheidend ist auch hier der frühe Beginn der Störung, das zeitstabile und das Auftreten der Verhaltenscharakteristika in Elternhaus, Schule und Freizeit. In beiden Systemen – **ICD 10** und **DSM-IV** – wird dies ähnlich beschrieben.

Die ICD 10 unterscheidet die **einfache Aufmerksamkeitsstörung und Hyperaktivitätsstörung** von der **Hyperkinetischen Störung des Sozialverhaltens**.

Die **ICD 10** ist zwar das zur Zeit gültige internationale Klassifikationssystem. Die Diagnostik der aufmerksamkeitsgestörten und hyperaktiven Kinder erfolgt aber in der Praxis häufiger nach den Richtlinien der amerikanischen Psychiatrie, nach **DSM-IV**.

Das Erscheinungsbild der ADS-Kinder

Medizinische Fachbücher listen Kriterien auf, die vor allem für die Diagnostik nützlich und notwendig sein mögen. Sie verdeutlichen aber oft nicht, wie ADS-Kinder in ihrem sozialen Umfeld – in der Familie, in der Schule und im Freundeskreis – leben, agieren und welche Besonderheiten sie haben.

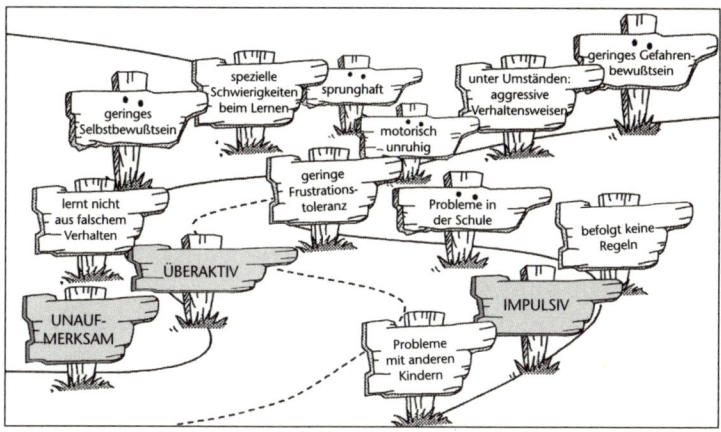

Abbildung 4: *Das Erscheinungsbild der ADS-Kinder mit Hyperaktivität/ Impulsivität*

Aber: Nicht jede Verhaltensweise läßt sich bei jedem Kind beobachten. Alles wird noch komplizierter dadurch, daß sich die Intensität des Verhaltens während des Jahres verändern kann.

Gestörte Aufmerksamkeit

Jeder moderne Fotoapparat hat einen Zoom, der es ermöglicht, sich auf einen Bildausschnitt zu fokussieren. Für ADS-

27

Kinder ist es fast unmöglich, ihre Aufmerksamkeit auf eine Sache zu fokussieren. Wenn sie in der Schule eine Aufgabe erledigen, finden sie oft den Anfang nicht. Alles lenkt sie ab – selbst die Fliege an der Wand. Finden sie endlich den Anfang, ist oft ihre Aufmerksamkeitsspanne für das entsprechende Alter viel zu kurz.

Obwohl die Mehrzahl der ADS-Kinder gern zur Schule geht, empfinden die meisten das Arbeiten im Unterricht häufig als langweilig – manchmal haben sie sogar recht. Sie überfliegen die jeweilige Aufgabenstellung, ohne sie aber genau zu lesen. Dann fangen sie an, und in kürzester Zeit unterlaufen ihnen die ersten sogenannten Flüchtigkeitsfehler. Frustriert hören sie sofort auf und teilen der Lehrkraft lautstark mit, es sei ihnen unmöglich, die Aufgabe zu lösen. Oder sie sitzen vor der Aufgabe, und es gelingt ihnen nicht zu beginnen. Sie sehen aus dem Fenster und scheinen zu träumen, vielleicht aber dösen sie nur.

Wer ein solches Kind in der Klasse hat, läuft schnell Gefahr, sich ausschließlich auf das negative Verhalten zu fixieren. Die Lehrkraft beschäftigt sich immer dann ganz intensiv mit diesem Kind, wenn es etwas *nicht* tut oder etwas macht, was gar nicht seine Aufgabe ist.

Wer kennt sie nicht, die fast klassischen Dialoge, die täglich in Tausenden von Schulklassen geführt werden?

Klaus soll sein Lesebuch herausnehmen. Seine Lehrerin wartet schon darauf, daß er es nicht tut. Sie beobachtet ihn aus dem Augenwinkel und beginnt, sich mit ihm zu beschäftigen. Sie sagt: »Nimm dein Lesebuch bitte heraus!« – »Nimm es bitte heraus!« – »Nimm bitte jetzt dein Lesebuch heraus!« – »Könntest du bitte jetzt endlich auch dein Buch herausnehmen!« »Nimm dein Buch jetzt heraus!« – in energischerem Ton: »Nimm jetzt endlich dein Buch heraus. Kannst du das nicht auch so wie andere Kinder machen!« usw. Seine Lehrerin schenkt ihm jetzt besondere Beachtung. Negative Aufmerksamkeit ist besser als gar keine – und so, empfindet Klaus ihre »Ermahnungen« eher als Zuwendung. So entsteht ein fataler Teufelskreis: Immer wenn er etwas nicht macht, beschäftigt sie sich ganz intensiv mit ihm. Er interpretiert ihre Äußerungen als »Lob«. Er hat es gern, wenn seine Lehrerin sich ihm widmet und freundlich zu ihm ist. Was für Gründe gibt es, das Buch schneller herauszunehmen? Selbst ironische Bemerkung wie »Hast du überhaupt schon mal ein Buch bei mir herausgenommen?« empfindet er noch als eingeschränktes Lob.

Klaus ist in der Situation einer Filmschauspielerin, die lange Zeit für keinen Film prämiiert wurde – kein Oscar, kein Bambi, oder sonst irgendeine Trophäe. Was macht sie nun, damit sie bekannt bleibt und in der Regenbogenpresse präsent ist? Sie provoziert einen Skandal, und schon ist sie in aller Munde. Auch Klaus verfolgt ein ähnliches Ziel. Auch er möchte beachtet werden.

Manchmal gibt es im Unterrichtsvormittag sogenannte »Sternstunden«, in denen sich selbst das unruhigste Kind in der Klasse plötzlich konzentriert und über einen Zeitraum hinweg arbeitet. Jede Lehrkraft kennt solche Situationen. Man beobachtet aus den Augenwinkeln, wie der »Zappelphilipp« der Klasse tatsächlich arbeitet. Er konzentriert sich, rechnet und läßt sich durch nichts ablenken. Die Lehrerin denkt jetzt: »Am besten siehst du gar nicht hin, wenn du nämlich hinschaust, hört er bestimmt gleich wieder auf zu arbeiten.« Das ist natürlich verständlich, aber falsch. Jetzt müßte sie loben.

ADS-Kinder können sich durchaus für einen bestimmten, begrenzten Zeitraum konzentrieren, sie passen dann auf und sitzen still. Dies gelingt ihnen vor allem dann, wenn die Situation

1. neu,
2. sehr interessant,
3. sehr motivierend,
4. nicht ganz »geheuer« ist oder
5. aus einer Eins-zu-eins-Betreuung mit einem Erwachsenen besteht.

So haben viele ADS-Kinder keine Aufmerksamkeitsstörungen in den ersten beiden Wochen des Schuljahres (neu), bei einem Film im Fernsehen (motivierend), während des Game-

Boy-Spielens (sehr interessant), vor einem Arztbesuch (einschüchternd, nicht ganz »geheuer«), im Schwimmbad zusammen mit einem Elternteil (Eins-zu-eins-Betreuung), oder in einer Testsituation beim Schulpsychologen (Eins-zu-eins-Betreuung).

Auch in Beobachtungssituation nehmen sich viele ADS-Kinder zusammen.

Hans zeigt die klassischen Symptome eines hyperaktiven Kindes. Er ist in der Stunde leicht ablenkbar, kann sich nur über einen kurzen Zeitraum konzentrieren und hat größte Schwierigkeiten, auf seinem Platz sitzen zu bleiben. Sein Klassenlehrer schaltet den Schulpsychologen ein. Er soll das Verhalten in einer Mathestunde beobachten und dann mit dem Klassenlehrer darüber beraten, was zu tun ist. In der Beobachtungsstunde bleibt Hans ruhig sitzen. Er arbeitet eifrig mit, meldet sich, füllt ein Arbeitsblatt aus und bleibt auf seinem Platz. Er ist ein vorbildlicher Schüler, der auch noch gute Beiträge leistet. Sein Mathematiklehrer ist entsetzt: »So war Hans noch nie in meinem Unterricht!« Es stimmt zwar, und doch kann Hans auch so sein.

Um die Verhaltensweisen von aufmerksamkeitsgestörten Kindern mit Hyperaktivität / Impulsivität genauer zu analysieren, wurden sie im Unterricht in der zweiten und fünften Stunde im Frontalunterricht, bei der Stillarbeit und im Gesprächskreis gefilmt (Hengst 1998, Grebe 1999). Man bildete Stichproben von Kindern im Alter von sechs bis zwölf Jahren. Die Acht- bis Zwölfjährigen fielen bei den Filmaufnahmen überhaupt nicht auf. Sie konnten sich ohne Schwierigkeiten über einen Zeitraum von 45 Minuten konzentrieren. Den Jüngeren (sechs bis acht Jahre) gelang dies noch nicht. Nach zehn bis zwanzig Minuten war mit ihrer Selbstbeherrschung vorbei.

Dabei war u. a. das folgende Ergebnis aufschlußreich: Das Konzentrationsvermögen der ADS-Kinder ist während des gesamten Schultages nahezu gleich schlecht. Lehrkräfte erwarten oft, daß sich die Kinder zu Beginn des Unterrichts, in den ersten Stunden, besser konzentrieren können als gegen Ende des Schultages. Für die Mehrzahl der anderen

Schülerinnen und Schüler trifft das zu – nicht aber für die ADS-Kinder.

Impulsivität

Impulsive Kinder agieren ohne nachzudenken und führen das aus, was ihnen gerade in den Sinn kommt, ohne die Konsequenzen zu bedenken. Sie rufen ihre Antworten in die Klasse, ohne daß sie gefragt wurden, und scheinen unaufhörlich zu schwätzen. Viele Lehrkräfte und auch die meisten Kinder haben sich mit dem unruhigen Verhalten der Hyperaktiven / Impulsiven abgefunden. Sie leben damit und haben sich daran gewöhnt. Manche der ADHS-Kinder sitzen an einen Einzeltisch, was ihnen in der Regel sehr gut bekommt. Einige aber werden allein an einen Tisch ganz hinten in der Klasse plaziert. Dort stören sie nicht mehr, weil der Unterricht mit der Klasse vor ihnen abläuft. Sie haben keine Möglichkeit, in den Unterricht einzugreifen, und kaum eine Chance, sich zu beteiligen. Befindet sich der Tisch des unruhigen Kindes hinter der Klasse, stört es zwar nicht, aber es wird auch nicht mehr trainiert. Sitzt es schon allein, sollte der Tisch in der Nähe des Lehrertisches sein. Die Lehrkraft kann so erreichen, daß sie nicht immer mit dem Kind reden muß und in endlose Dialoge und Diskussionen verstrickt wird. Sie kann dann vielleicht ein Heft aufschlagen, ein Buch zur Seite legen oder dem Kind einen Stift aus der Hand nehmen – ohne überhaupt zu kommentieren.

Im *Struwwelpeter* verhält sich der *Zappelphilipp* bei Tisch extrem unruhig. Er spricht aber nicht. Heute würde er den meisten Lehrkräften keine großen Mühen machen. Eine Eigenart des Zappelphilipps von heute entnervt Lehrkräfte im besonderen: Ihr ständiges ungesteuertes Hineinrufen in die Klasse. Egal, ob gefragt oder nicht, sie geben eine Antwort. Unaufgefordert oder nicht, sie »plärren« in die Klasse.

Auch Martin gehört zu diesen Kindern. Frau B. bereitet ihren Unterricht für die 3 b stets sehr gründlich vor. Sie geht nach einem gut überlegten Konzept vor: Am Anfang der Stunde stellt sie einführende Fragen, die auch Kinder beantworten können, die sonst bei schwierigeren Beiträgen passen müssen. So etwa nach 35 bis 40 Minuten erreicht sie das Lehrziel. Auch heute beginnt sie wieder mit leichteren Fragen. Martin, ein impulsiver und intelligenter Junge, hört die Fragen, nimmt sie auf und denkt mit. Er ruft aber nicht nur die zu den Fragen gehörige Antwort unaufgefordert in die Klasse, sondern erkennt die Zielrichtung der Fragen und platzt schon nach drei Minuten mit dem Ergebnis, das erst in der nächsten halben Stunde zu erarbeiten ist, heraus. Dadurch verliert die Stunde völlig ihren Spannungsbogen. Frau B. verliert die Fassung. Sie ist völlig ungehalten und fängt an zu schreien. Sie legt Martin dar, warum das im Unterricht Behandelte so grundsätzlich wichtig sei und warum es nicht gehe, Antworten einfach in die Klasse zu rufen. Als sie sich alles »von der Seele geredet bzw. geschrien hat«, geht es ihr besser. Mittags auf dem Weg nach Hause reflektiert sie ihren Unterricht und ärgert sich, daß sie sich hat hinreißen lassen zu schreien. Sie denkt: »Du hättest dich nicht provozieren lassen dürfen. Wie konntest du dich so gehen lassen?« Sie hat starke Schuldgefühle und nimmt sich vor, am nächsten Tag alles besser zu machen. »Morgen werde ich mit Martin in Ruhe arbeiten. Ich werde ganz geduldig, verständnisvoll und viel netter sein und mich nicht provozieren lassen.« Am nächsten Morgen kommt sie zur Schule. Martin wartet schon auf dem Schulhof. Er strahlt sie an, weil er gern zur Schule geht. Sie denkt: »Wenn er mich so anstrahlt, war es gestern vielleicht doch nicht so schlimm.« Die Einschätzung ist falsch. Martin hat aus der gestrigen Situation nichts gelernt. Er kann sie nicht analysieren und weiß auch gar nicht genau, was er ändern kann und wie er sich verhalten soll. Heute wird es weniger Probleme geben, vor allem aber weil seine Lehrerin mehr Geduld aufbringt.

Hyperaktivität

In ihrem ungesteuerten, motorisch unruhigen Verhalten scheinen hyperaktive Kinder gefährliche Situationen nur schwer wahrnehmen können. Sie erkennen sie nicht, können sie nicht einschätzen und sehen sie nicht voraus.

Mit Konsequenzen, die aus ihrem Verhalten resultieren, gehen sie sorglos um.

In einem Training für sechs- bis achtjährige hyperaktive Kinder geht der Trainer in einer der ersten Stunden mit den Kindern ins Schwimmbad. Es ist ein Ausflug, den alle Kinder gern machen. Voller Temperament und Lebensfreude rasen sie aus dem Umkleideraum in den Badebereich. Selbstverständlich wollen sie nur in das Schwimmerbecken, obwohl die Mehrzahl von ihnen nicht schwimmen kann. Der Trainer steht im Wasser, die Kinder am Rand. Jetzt fordert er die Kinder auf, zusammen in das Schwimmerbecken zu springen. Sie tun es voller Begeisterung. Erst als sie im Wasser sind, fällt ihnen auf, daß sie nicht schwimmen können. Jetzt fangen einzelne an zu schreien, paddeln dann aber doch geschickt an den Rand. Es ist ihnen nicht möglich, etwas geduldiger zu sein und einzuschätzen, was auf sie zukommt. Sie handeln ohne zu denken und tun etwas, ohne die Folgen zu berücksichtigen. So geraten sie auch auf Klassenfahrten oft in Situationen, die leicht gefährlich werden können.

Gerade dieses ungeduldige Verhalten bereitet ihrem Umfeld große Probleme. Die amerikanische Kinderpsychologin Virginia Douglas spricht davon, daß diese ADS-Kinder ein »Stop, look and listen«-Problem haben. Immer wenn sie etwas Neues beginnen, nehmen sie sich nicht die Zeit, innezuhalten, analysieren nicht, was abläuft, und hören nicht, was ihnen gerade gesagt wird – ganz im Gegenteil: sie handeln sofort. Es fällt ihnen außerordentlich schwer, abzuwarten.

Aus diesem Grund ist es nicht erstaunlich, daß sogar einige dieser Kinder vor allem tagsüber einnässen und auch einkoten, nur weil sie beispielsweise ihr Spiel nicht unterbrechen wollen.

Wenn Kevin Lego spielt, ist er in seinem Element. Es gibt kaum etwas, was er lieber macht. Er registriert schon, daß er eigentlich zur Toilette gehen müßte, aber er hat nicht die geringste Absicht, das Spiel zu unterbrechen. Auf keinen Fall will er jetzt aufhören. Er ist gerade dabei, einen Kran zu bauen, und montiert ungeduldig die Fahrerkabine. Für ihn ist es unmöglich, jetzt eine Pause machen. Also geht er auch nicht auf die Toilette und näßt eben ein. Die Unterhose ist naß, auf der Trainingshose entsteht ein großer Fleck. Man könnte meinen, jetzt würde er laufen – weit gefehlt. Er läßt sich im Spiel nicht stören und baut engagiert weiter.

Manchmal hat man den Eindruck, hyperaktive Kinder sind ständig in Bewegung. In der Klasse laufen sie oft hin und her. Auch wenn sie am Platz sitzen, verhalten sie sich unruhig. Sie rutschen hin und her, bewegen fortwährend die Beine, kippeln mit dem Stuhl und können die Hände und Arme nicht stillhalten. Sie fallen vom Stuhl oder rollen auf dem Boden hin und her. Störreize registrieren sie schnell und gern. Vergleichbar mit einem Motor laufen sie von der ersten Minute an auf Bereitschaft und reagieren sofort auf Ablenkungen jeglicher Art, während andere erst in Schwung kommen müssen.

Fasziniert sie der Unterricht, beurteilen sie ihn als interessant, fühlen sich herausgefordert und sitzen plötzlich still. Nur wenige von ihnen besitzen diese Fähigkeit überhaupt nicht. In Therapiegruppen für hyperaktive Kinder kann man die Erfahrung machen, daß sie durchaus auch in Entspannungssituationen völlig ruhig sind und sich willentlich steuern können. Sie schließen sogar die Augen. Bedingung ist allerdings, daß die Entspannungsgeschichten ihrer Phantasie entgegenkommen und inhaltlich nicht zu anspruchsvoll sind.

Oft berichten die Mütter schon in der Anamnese von der Unruhe. Manche erinnern sich, daß ihr Kind schon als Baby im Bauch nicht zur Ruhe kam und immer wieder gestoßen und getreten hat. Im ersten Lebensjahr treten Nahrungskoliken auf, sie spucken die Nahrung aus, so als hätten sie zu schnell gegessen. Vor allem aber drehen sie sich immer wieder aus dem Arm der Erwachsenen heraus, kriechen überall hin und schrecken vor nichts zurück.

Ein solches Verhalten tolerieren die Eltern eher bei Jungen als bei Mädchen. Wenn der Junge als Baby sich für alle Dinge interessiert, sie immer wieder anfaßt, keine Gefahr scheut

34

und immer wieder hinkriecht, sagen die Eltern oft »Das wird bestimmt ein Forscher!«. Schwerer vorzustellen ist, daß Eltern gleiches von einem Mädchen sagen. Es ist nicht unwahrscheinlich, daß Eltern die Mädchen früher reglementieren und Strukturen einüben, weil das Verhalten einem »typischen« Mädchen nicht zugeordnet wird. Einem Lausbuben, einem richtigen Jungen ordnet man es eher zu.

Joshua wird immer von seinem Großvater in die Trainingsgruppe für ADS-Kinder gebracht. Er ist dem Großvater äußerlich wie aus dem Gesicht geschnitten. Aber auch der Großvater zeigt die gleiche Unruhe wie Joshua selbst. Eines Tages spricht ihn der Trainer auf diese Ähnlichkeit an: »Der Enkel ähnelt Euch ja ziemlich?« Das interpretiert der Großvater als Kompliment, denn er kommentiert in breitestem Hessisch: »Gelle, der hat Feuer!« Das Verhalten des Enkels bewertet er ganz positiv, weil so ein »richtiger« Junge zu sein hat. Von daher sieht er mit Sicherheit über viele Dinge hinweg.

Eltern und Lehrkräfte berichten oft über das problematische Spielverhalten der Hyperaktiven. Sie sind rastlos und können weder mit Geschwistern noch mit anderen Kindern über einen längeren Zeitraum spielen. Gruppensituationen scheinen sie zu überfordern. Unter den Gleichaltrigen sind sie demzufolge als Spielgefährten nie sehr beliebt. Ganz abgesehen davon, daß sie nicht gern zurückstecken, immer gewinnen und alles bestimmen wollen, empfinden andere Kinder sie als viel zu unstet, weil sie nicht bei einer Sache bleiben. Sie gelten als unzuverlässig und unberechenbar. In therapeutischen Situationen fällt immer wieder auf, daß Hyperaktive oft Spiele wählen, bei denen sie parallel nebeneinander spielen. Wenn sie zu lange mit anderen Kindern etwas gemeinsam durchführen, werden sie aggressiv, weil die Situation sie völlig überfordert. Oft wird ihnen dies zum Vorwurf gemacht, ohne zu berücksichtigen, daß sie in ihrer sozialen Reife noch nicht so weit sind. Dabei nehmen sie natürlich die Signale anderer kaum wahr.

Geht man mit ihnen spazieren, hüpfen sie wie ein Gummiball um einen herum und sind ständig am Reden. In der Beschreibung der Eltern heißt es häufig, das Kind »schwätzt mich besoffen«. Hat man es den ganzen Tag um sich, erfordert das eine ungeheure Anstrengung. Man ist oft schon am Vormittag erschöpft. Das Kind selbst allerdings erkennt nicht, daß andere sein Verhalten kaum noch ertragen können.

Jonas ist ein solcher Junge. In einem Feriencamp an der Nordsee hat er seinen Betreuer schon nach zwei Stunden durch seine ständige motorische Unruhe und sein unentwegtes Plappern so entnervt, daß dieser sich stark zusammennehmen muß. Er weiß, daß noch viele Stunden des Tages vor ihm liegen. Abends endlich liegt Jonas im Bett, frisch geduscht, zufrieden, sogar ein bißchen erschöpft. Sein Betreuer kommt in den Raum und sagt »Gute Nacht« und ist froh, daß er jetzt auch ein wenig zur Ruhe kommen und wieder Luft holen kann. Jonas faßt den Tag zusammen und sagt zu ihm: »Wie schön, daß wir so gute Freunde sind!«

In ihrer Unruhe und Ungeduld brechen die hyperaktiven Kinder natürlich ständig Regeln, die ihnen gesetzt werden. In der Schule wird es oft so gehandhabt, daß man für die Klasse einen Kanon von acht bis zehn Regeln erarbeitet, die für das Zusammenleben in der Klasse gelten. Sie lauten etwa: Ich lasse andere ausreden; wenn ich etwas sagen will, melde ich mich; ich nehme Rücksicht auf andere etc. Diese Regeln gelten natürlich auch für das hyperaktive Kind. Jede Lehrkraft legt sehr viel Wert darauf, daß gerade diese Kinder, die von der ganzen Klasse erarbeiteten Regeln akzeptieren. Da sie oft von ihnen gebrochen werden, erklärt man sie ihnen immer wieder. Man liest sie ihnen nochmals vor und fragt sie dann, ob sie auch alles verstanden haben. Das hyperaktive Kind bestätigt es und sieht dabei die Lehrkraft groß an und verspricht hoch und heilig, ab jetzt die Regeln einzuhalten und auf jede Regel zu achten. Die Lehrerin dreht sich um, und schon im nächsten Moment bricht das Kind die erste Regel. Dies führt zu Konflikten.

Für die Schulsituation liegt hier einer der häufigsten Trainingsfehler mit hyperaktiven Kindern vor. Diese sind überhaupt nicht in der Lage, acht Regeln zu bedenken, zu beachten und auch noch zu befolgen. Trainieren kann man mit ihnen nur eine einzige Regel. Eine einzige Regel können sie überschauen und einhalten. Wenn man diese Regel lang genug eingeübt hat, kann man sich der nächsten Regel zuwenden. Es gilt der Grundsatz: eine Regel nach der anderen. Es ist ein mühsamer Prozeß, aber oft der einzig mögliche Weg.

In ihrer Unruhe und ihrem meist vorschnellem Handeln können die Kinder sich oft verletzen. Sie stolpern über einen Gegenstand und fallen hin. Verletzungen scheinen ihnen aber weniger auszumachen als anderen Kindern. Ihr Schmerzempfinden scheint ebenfalls unterschiedlich ausgeprägt zu sein. Nur selten erlebt man, daß sie weinen, wenn sie sich ein Knie aufgeschlagen haben. Meistens laufen sie einfach weiter und scheinen Schmerzen nicht sehr intensiv zu empfinden. Auch Kälte und Wärme können sie gut vertragen. So kann man beobachten, daß sie im Winter mit einem T-Shirt in die Schule kommen und nicht frieren. Sie gehören in gewisser Weise zu den sogenannten »Stehaufmännchen«.

Emotionen

Wer mit hyperaktiven Kindern arbeitet, gewinnt den Eindruck, daß ihr Gefühlsrepertoire eingeschränkt ist. In bezug auf ihre soziale Reife zeigen sie Entwicklungsrückstände von bis zu drei Jahren (Neuhaus 1999). Sie kennen weniger Gefühle als Gleichaltrige. Vor allem aber entwickeln sie kaum die notwendige Sensibilität, unterschiedliche Gefühle bei anderen zu beobachten und darauf Rücksicht zu nehmen. Sie selbst bewegen sich zwischen zwei gegensätzlichen Polen. Entweder sind sie »gut drauf«, dann sind sie wohlgelaunt, fröhlich, kooperativ, ideenreich und sprühen vor Lebensfreude, oder aber es geht ihnen schlecht, dann regen sie sich auf, sind ungeduldig, gereizt und voller Wut und Aggressionen.

In ihrer Begeisterung und Euphorie sind sie oft auch nur schwer zu ertragen. Sie können eine Party oder eine Geburtstagsfeier sprengen, weil sie so aufdrehen, daß die anderen Kinder kaum eine Chance haben, in Ruhe zu feiern und miteinander zu spielen.

Geht es ihnen nicht gut, sind die meisten eher aggressiv als depressiv. Das aggressive Verhalten kann sich unterschiedlich äußern. Dabei zeigen sie offen aggressives Verhalten oder operieren verdeckt aggressiv, womit Lehrkräfte und Eltern besonders viele Probleme haben.

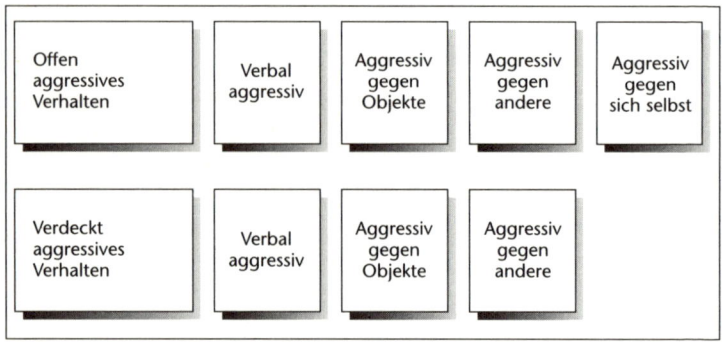

Abbildung 5: *Formen des aggressiven Verhaltens*

Verbale Aggressionen

Verbalaggressives Verhalten tritt am häufigsten auf.

Das Beschimpfen anderer durch ADHS-Kinder ist sowohl den Eltern als auch den Lehrkräften hinlänglich bekannt. Dabei werden andere Kinder oder Erwachsene in der Wut mit schlimmsten Schimpfwörtern und fäkalen Ausdrücken bedacht.

Die Schimpfwörter haben bei den hyperaktiven ADS-Kindern zu 99 % einen sexuellen Bezug. Wenn sie in Wut sind, produzieren sie eine regelrechte Flut solcher Wörter und auch noch zahllose Neuschöpfungen. Wer dies zum ersten

Mal erlebt, stellt zunächst die Vermutung an, daß die Eltern zu Hause so sprechen. Dies ist jedoch falsch. Offensichtlich scheinen diese Kinder Schimpfwörter von frühester Kindheit an sammeln und speichern, um sie dann, wenn sie selbst erregt sind, zu gebrauchen. Da auch schon die Jüngsten mit den derbsten Ausdrücken umgehen, löst das bei Erwachsenen oft Entsetzen aus, während das Kind durchaus Spaß daran hat, sich so zu benehmen. Als der fünfjährige Jerome zum Frisör geht und im Frisiersalon ein wenig hin und her springt, wird er von einem Erwachsenen ermahnt. Dies stößt auf Jeromes Mißfallen. Er wendet sich dem älteren Herren zu und ruft ärgerlich: »Fick dich!« Viele der wartenden Kunden sind entsetzt. Ihre Reaktionen führen bei Jerome dazu, daß er schnell noch eins draufsetzt.

Auch in der Schule beobachten Lehrkräfte häufig, daß ADS-Kinder in der Wut andere auf das unflätigste und auf beleidigende Art beschimpfen. Nicht jedem Lehrer ist es gegeben, aus der Distanz zu analysieren, daß dieses Verhalten zum Erscheinungsbild mancher Hyperaktiver gehört.

Sven besucht die Vorklasse. Nächstes Jahr soll er in die Schule kommen. Seine Vorklassenlehrerin berichtet, daß er von seinen kognitiven Fähigkeiten her ihrer Auffassung nach dem Unterricht durchaus gewachsen sein wird. Er hat keinerlei Probleme, den Unterrichtsstoff der Vorklasse zu verstehen, mitzuarbeiten und umzusetzen. Mindestens zweimal täglich aber gerät er in Wut. Dann beschimpft er auch seine Lehrerin auf unflätigste. Während sie dies berichtet, merkt man, wie sehr sie verletzt ist, und wie hilflos es sie macht. Emotional hat sie den Bezug zu dem Schüler verloren. Es ist schwer, ein solches Kind zu mögen und
sich klar zu machen, daß es sich um eine Eigenart handelt, die Sven nur sehr bedingt zu verantworten hat.

Auch zu Hause gegenüber den Eltern vor allem aber auch gegenüber den Geschwistern sind die Hyperaktiven mit Kraftausdrücken nicht zimperlich.

Gelegentlich wird das Aktivieren der Schimpfwörter dem Tourette-Syndrom zugeordnet, weil es wie ein Tic offensichtlich nicht zu kontrollieren ist und Fäkalwörter in einer Endlosschleife produziert werden.

Ist der Wutanfall dann vorbei, zeigen die Kinder sich sofort wieder zugänglich, freundlich, kooperativ, nicht nachtragend und gut gelaunt. Allerdings erweist es sich als ziemlich sinnlos, den Wutanfall mit ihnen zu analysieren und zu besprechen. Nachträglich reflektieren sie alles, versprechen vieles und können es doch nicht einhalten.

Aggressionen gegen Objekte

ADS-Kinder zerstören oft Gegenstände; es kann sogar ihr Lieblingsspielzeug sein, weil sie sich im Wutanfall nicht steuern können.

Jan hat bei einem Ferienaufenthalt auf der Insel Sylt einen Drachen gewonnen. Es ist ein wunderschöner Lenkdrachen, und natürlich möchte er ihn sofort ausprobieren. Es ist jedoch sehr windig an diesem Tag. Er erhält den Rat, noch einen Tag abzuwarten, damit er den Drachen auch wirklich zum Fliegen bekommt. Alle Überredungsversuche nützen nichts. Er rollt die Schnur auf und versucht den Drachen steigen zu lassen. Der Wind trägt ihn einige Meter empor, aber dann fängt er an zu trudeln, dreht eine Spirale und stürzt senkrecht nach unten. Der Drachen liegt auf dem Boden. Jan rastet aus, jetzt »sieht er rot«. Er rast auf den Drachen zu und trampelt wie besessen auf ihm herum. Dabei bricht das Holzkreuz, das die Bespannung hält. Der nächste Versuch, ihn steigen zu lassen, muß mißlingen. Jan trampelt wieder auf dem Drachen herum. Erst nach einiger Zeit kann er sich beruhigen. Dann sieht er ein, daß bei diesem Wind natürlich niemand einen Drachen steigen lassen kann. Sein eigener Drachen jedoch ist kaputt.

Das Zerstören von Gegenständen ist von vielen Hyperaktiven in der Wut nur schwer zu steuern, auch wenn sie kurze Zeit danach erkennen, wie unsinnig ihr Verhalten war. Immer wieder berichten Eltern, daß hyperaktive Kinder in der Wut vor der Einrichtung ihres eigenen Zimmers nicht halt machen: Stuhlbeine werden zerschlagen, Regalbretter zerbrochen und das Türfutter beschädigt.

Frau M. hat in ihrem dritten Schuljahr ähnliche Erfahrungen gemacht. Jens aus ihrer Klasse ist leicht reizbar. Als er in der Mathestunde wieder nicht zur Ruhe kommt und stören muß, gibt ihm seine Klassenlehrerin ein »Time-out«. Sie möchte, daß er vor die Tür geht und sich beruhigt. Als sie ihn dazu auffordert, sagt Jens: »Nein, ich gehe nicht!« Jede Lehrkraft weiß, daß jetzt die ganze Klasse wartet, was geschehen wird. Es ist eine Situation, in der es sich entscheidet, ob man sich in einer Klasse durchsetzen kann oder nicht. Die Lehrerin besteht darauf, daß er die Klasse verläßt. Sie öffnet die Tür. Jens hat zwar seinen Platz verlassen, will aber im Klassenraum bleiben. Die Kollegin zieht an der Tür, um sie zu öffnen, und Jens drückt, um sie zu schließen. Beide setzen viel Kraft ein. Plötzlich läßt Jens los. Die Lehrerin stürzt zu Boden und rutscht auf dem glatten Linoleumboden auf dem Bauch in die Klasse hinein. Die ganze Klasse biegt sich vor Lachen. Eine schlimme Situation. Jetzt ist die Lehrerin selbst sehr wütend. Sie schließt Jens für diesen Tag vom Unterricht aus. Er muß seine Sachen packen und nach Hause gehen. Jens ist immer noch aufgeregt. Er kann die Situation nicht überblicken und ist voller Wut auf die Lehrein, die ihn nach Hause schickt. Er kann sich nicht beruhigen. Als er das Schulgebäude verläßt, sieht er am Straßenrand das Auto der Lehrerin parken. Er nimmt seinen Haustürschlüssel, und in der Wut macht er einen Kratzer rund um das Auto. Schon eine halbe Stunde später tut es ihm leid, aber der Sachschaden läßt sich nicht mehr rückgängig machen.

Wenn hyperaktive Kinder einen Wutanfall haben, gelingt es ihnen nicht, sich zu steuern. Sie sind von außen kaum zu beeinflussen. Man kann ihnen gut zureden, es wird nichts nützen. Versprechungen bewirken nichts. Selbst das Androhen härtester Strafen bringt sie nicht zur Vernunft. Lehrkräfte stehen den Wutausbrüchen dieser Kinder besonders hilflos gegenüber. Sie berichten, daß sie in solchen Situationen erbleichen, ein flaues Gefühl im Magen haben und in ihrer Verwirrung Dinge sagen und tun, die sie später bereuen. Ihr Verhalten ist ihnen gegenüber den Kolleginnen und Kollegen und gegenüber den Eltern peinlich, weil sie es selbst als nicht besonders professionell erleben. Es ist ihnen kein Trost, daß andere Lehrkräfte und Eltern schon ähnliche Situationen erlebt haben.

Aggressionen gegen andere

Als René für die Sprechstunde des Schulpsychologen angemeldet wurde, charakterisierte ihn seine Mutter folgendermaßen: »Er ist ein menschlicher Pitbull. Er gerät mit allen Kindern in Streit.«
Händel mit anderen Kindern sind bei ADS-Kindern mit Hyperaktivität / Impulsivität an der Tagesordnung. Streitereien können oft nicht anders gelöst werden als durch Schubsen, Treten, Spucken oder Schlagen. Ein Teil hat es sich angewöhnt, andere Kinder zu kneifen, zu rempeln und zu berühren. In der Schule beklagen die Lehrkräfte zu Recht, daß es kaum eine Pause ohne körperliche Auseinandersetzungen gibt. Ein Vater berichtet, daß sein Sohn regelmäßig nachmittags zum Spielen vor die Tür geht. Er kommt aber bereits nach 30 Minuten zurück, etwa eine Horde von etwa 20 Kindern auf den Fersen. Er hat sich in kürzester Zeit mit allen angelegt und wird jetzt von ihnen bis nach Hause verfolgt.
Aggressives Verhalten gegen andere Kinder bedeutet hier: sie sind selbst leicht zu reizen und provozieren andere. Sie geraten schnell in Streitereien. Manche sind zänkisch und suchen ständig den Konflikt. Dann schlagen sie sich mit anderen, auch wenn es sich um Stärkere handelt. Dabei verhalten sie sich frech gegenüber Älteren, haben einen »großen Mund«

und riskieren, selbst geschlagen zu werden. Im Konflikt fällt ihnen keine Lösung ein, wie eine Auseinandersetzung zu schlichten ist. Andere wissen oft gar nicht, warum sie einen Konflikt suchen, und können nicht verstehen, weshalb gerade jetzt geschlagen wird.

Schlimmer aber ist, daß sie im Wutanfall andere Kinder sehr verletzen können. Haben sie gerade einen Stock zur Hand, benutzen sie diesen. Liegt in ihrer Nähe eine Eisenstange, schlagen sie mit der Eisenstange zu.

Chris besucht das zweite Schuljahr. Er wohnt fünf Kilometer von der Schule entfernt und fährt mit dem Bus. Nach dem Unterricht rast er immer schnell zur Bushaltestelle und will der erste sein, der einsteigt. Seine Klassenlehrerin hat heute Busaufsicht. Da Chris sich vordrängt, geht sie an den anderen Kindern vorbei und tippt ihm von hinten auf die Schulter, um ihm zu erklären, daß es üblich ist, nicht zu drängeln und sich in die Reihe der Wartenden einzuordnen. Chris hat sich kurz davor über irgend etwas aufgeregt. Er ist noch voller Wut. Als ihm die Lehrerin auf die Schulter tippt, dreht er sich um und boxt ihr mit voller Kraft auf das rechte Auge. Sie hat einen Bluterguß und fehlt eine Woche. Spricht man mit Chris über den Vorfall, tut ihm nachträglich alles bitterlich leid. Er entschuldigt sich und weint. In der Wut aber konnte er sein Verhalten nicht steuern.

Autoaggressives Verhalten

Autoaggressives Verhalten hat in den letzten Jahren eindeutig zugenommen. Neben dem Abkauen der Nägel, dem Herausreißen von Haarbüscheln, Schaukelbewegungen, die an Hospitalismusschädigungen erinnern, sind Selbstverletzungen, die bis an die Schmerzgrenze getrieben werden, mit Messern, Nadeln oder brennenden Gegenständen zu beobachten.

Verdeckt aggressives Verhalten

Gleichzeitig aber gibt es Kinder, bei denen alle Erscheinungs-
formen von aggressivem Verhalten in verdeckter Form auftreten. Die aggressiven Verhaltensweisen werden nicht
offen, sondern hinter dem Rücken anderer praktiziert.
Hier handelt es sich um Kinder, die im Vorübergehen ein
anderes Kind zwicken, an den Haaren ziehen oder ihm etwas
wegnehmen. Sie tun dies immer, wenn die Lehrkraft sich
grade einmal umdreht. Sie geben ihr Verhalten nie zu. Sie
streiten in der Regel alles ab, auch wenn die Lehrkraft den
Vorfall beobachtet hat. Nur wenige können damit umgehen.
Viele empfinden ein derartiges Verhalten als besonders hin-
terhältig. Es wird moralisch verurteilt. Emotional stoßen diese
Kinder vor allem bei den Erwachsenen auf starke Ablehnung.

Sexualität

Ein Teil der ADS-Kinder (etwa 40 %) »verarbeitet« Sexualität
anders als die übrigen Kinder. Ganz abgesehen davon, daß
sie eine Vorliebe für Schimpfwörter aus dem Sexualbereich
haben, gelingt es ihnen auch nicht, den Umgang damit zu
steuern.
Nicht nur in der Wut, sondern auch in Situationen, die keine
besonderen Anforderungen stellen, werden extrem »sauige«
Ausdrücke benutzt. Anderen Kindern wird dies oft zuviel. Sie
lassen sich zeitweilig mitreißen, wollen sich dann aber auch
wieder anderen Dingen zuwenden. Nicht so ein Teil der ADS-
Kinder. Es hat den Anschein, daß sie damit nicht aufhören
können. Selbst die Ermahnungen Erwachsener nutzen
wenig, wobei ein solches Verhalten eher im Freizeitbereich
und in der Schule praktiziert wird – weniger in der Familie.
Die Kinder wollen in der Mehrzahl meist auch nicht, daß die
Eltern davon erfahren. Bei den Jüngeren bis zur Altersgruppe
von etwa acht, neun Jahren steht der Gebrauch von Wörtern
aus dem Sexualbereich im Vordergrund. Ansonsten sind sie
wie auch die Mehrzahl der Kinder dieses Alters noch nicht

signifikant mehr an Verhaltensweisen, die sie mit Sexualität verbinden, interessiert.

Martin und Nico gelten in ihrer Klasse im 3. Schuljahr als außerordentlich lebhaft. Sie sind gute Schüler, haben aber aufgrund ihres Temperaments Probleme mit der Konzentration. Gelegentlich schlagen sie auch über die Stränge. Meistens aber arbeiten sie interessiert mit, zeigen sich wißbegierig und haben gute Noten. Auf der ersten Klassenfahrt entdeckt ihre Lehrerin eine ganz neue Seite an ihnen, die sie fast entsetzt. Schon auf der Zugfahrt tauen sie auf und benutzen im Umgang miteinander und auch in der Anrede anderer Kinder die übelsten Ausdrücke. Auch die Mädchen machen sie regelrecht auf eine ganz primitive Weise an. Die Lehrerin greift ein und versucht, die Benutzung der Ausdrücke zu verbieten. Es gelingt ihr nur teilweise. Auf jedem Bahnhof reißen sie dennoch das Fenster auf und rufen entsprechende Wörter Reisenden auf den Bahnsteigen und in anderen Zügen zu. Dabei freuen sie sich vor allem über diejenigen, die konsterniert reagieren. Die Lehrerin kann das Verhalten nicht einordnen. Sie hat es in dieser Stärke noch nicht in der Klasse oder auf dem Schulhof beobachten können. Sie hätte nie gedacht, daß beide schon so viele Ausdrücke auf niedrigstem Sprachniveau aus der Sexualität kennen. Da die Mehrzahl der Wörter aus der Vulgärsprache stammen, lehnt sie es ab, mit den beiden Kindern ein Gespräch über die Bedeutung der Ausdrücke zu führen.

Mit Beginn der Vorpubertät wird das Verhalten dieser Kinder massiver. Neben den entsprechenden Ausdrücken verstärkt sich die Vorliebe, andere Kinder immer wieder in den Genitalbereich zu fassen. Das sind zwar Verhaltensweisen, die bei der Mehrzahl der Jungen dieser Altersstufe beobachtet werden können, Unterschiede bestehen jedoch mit Sicherheit in Häufigkeit und Intensität dieser Verhaltensweisen. Dazu kommt, daß einzelne sich beispielsweise auch problemlos vor anderen entblößen, womit viele Lehrkräfte nur schwer umgehen können.

Frau B., Klassenlehrerin einer 4. Klasse, ruft im Schulpsychologischen Dienst an, weil Andreas schon wieder im Unterricht den anderen Kindern sein Glied gezeigt hat. Sie berichtet, daß er dies schon zweimal in der Pause getan hätte. Sie will wissen, wie sie reagieren soll. Andreas ist ein hyperaktiver Junge, der nicht erklären kann, was er sich dabei gedacht hat. Es ist ihm auch nicht besonders unangenehm oder peinlich. Bei einem Ferienaufenthalt verhält er sich genauso und lacht andere aus, die fast ein wenig erschrocken sind.

In der Fachliteratur finden sich wenige Hinweise auf die geschilderten Verhaltensweisen. Die Mehrzahl der Autoren scheint sie nicht zu kennen. Sie werden leicht als ausschließlich dissoziales Verhalten abgetan. Vermutlich können sie nur im schulischen Kontext und bei entsprechenden Freizeitaufenthalten in voller Intensität beobachtet werden. Vielleicht wird auch weniger darüber berichtet, weil die Mehrzahl der Lehrkräfte schwerer mit Entgleisungen im Sexualbereich umgehen kann und von daher auch nicht gern darüber spricht. Manche können nur schwer einordnen, ob die Verhaltensweisen noch im Normbereich liegen oder auch nicht. Auf der einen Seite möchten sie nicht als »prüde« gelten, auf der anderen Seite wollen sie nicht den Eindruck entstehen lassen, daß es in ihrer Klasse und bei ihren Klassenfahrten in jeder Beziehung »drunter und drüber« geht.

Depressives Verhalten

Neben starker Begeisterung und großer Wut können ADS-Kinder durchaus auch depressive Verhaltensweisen zeigen, welche oft mit hoher Dramatik verbunden sind.

Sörens Mutter rief an einem Freitagabend an. Sie berichtete aufgeregt, daß Sören heute in der Schule einen Suizidversuch unternommen habe. Er hat sich zu Beginn des Unterrichts über etwas geärgert, ist dann weggelaufen und hat gedroht, sich von einer Brücke in die Lahn zu stürzen. Niemand konnte ihn zurückhalten. Seine Klassenlehrerin war nervlich völlig am Ende.

Sören hat sich natürlich nicht von der Brücke gestürzt. Er ist, als er sich beruhigt hatte, wieder in die Schule zurückgekehrt. Allerdings war er nicht bereit – auch nicht einige Tage später –, eine Erklärung vor der Klasse abzugeben.

So wie sich das hyperaktive Verhalten ganz überschäumend zeigen kann, sind Parallelen auch zu völlig gegensätzlichen Verhaltensweisen beobachtbar. Erklärungen lassen sich nur schwer finden.

Fügsamkeit

ADS-Kinder haben große Probleme, sich zu fügen und Regeln einzuhalten; vor allem im Bereich der Disziplin treten viele Schwierigkeiten auf. Die Erwachsenen versuchen immer wieder, ihnen Regeln beizubringen, um so ihre Einsichtsfähigkeit zu erweitern.

In der Schule sucht die Lehrkraft die Regeln aus, mit denen Störverhalten am günstigsten beeinflußt werden kann. Grundsätzlich aber sollte sie mit dem ADS-Kind immer nur eine Regel trainieren, da es im Gegensatz zu anderen Kindern auch nur eine einzige überschauen kann. Beispielsweise: »Ich kann mich melden!« oder »Ich sitze ruhig auf meinem Stuhl!« etc. Erst wenn die eine Regel von dem Kind eingehalten wird, wendet man sich schließlich der nächsten zu. Erfreulicherweise zeigt sich meistens, daß schon beim Einüben der ersten Regel das Verhalten insgesamt besser wird. Dies hängt damit zusammen, daß bei Erfolg das Kind natürlich positive Rückmeldung durch die Lehrkraft erfährt. Das Verhältnis zur Lehrerin entspannt sich, und das Kind registriert, daß seine Lehrerin es lobt und es mag. Daher wird es sich mit großer Wahrscheinlichkeit bemühen, auch andere

Verhaltensweisen, die positiv bewertet werden, zu praktizieren. Grundsätzlich aber sind ADS-Kinder mit Hyperaktivität / Impulsivität in weit geringerem Maße bereit, Ordnungssysteme zu akzeptieren, nur weil sie sinnvoll sind.

Die aggressiven Verhaltensweisen, wie das Schubsen anderer Kinder und der Streit mit den Geschwistern und Eltern, die ständigen Diskussionen über Selbstverständlichkeiten werden ebenfalls damit begründet, daß 50–60 Prozent der ADS-Kinder nicht in der Lage sind, sich einzufügen, anzupassen – also ein auffälliges und abweichendes Sozialverhalten zeigen.

Auch bei Einnahme von Medikamenten spielt Disziplin eine Rolle. Trott und Wirth (1995) berichten, daß hyperaktive Kinder schon nach weniger als einem halben Jahr der Behandlung die Medikamenteneinnahme abbrachen. Ein wesentlicher Grund dafür kann darin vermutet werden, daß hyperkinetische Kinder in der Regel wegen häuslicher oder schulischer Probleme vorgestellt werden, aber nicht selbst motiviert um Hilfe suchen. Die Verordnung eines Medikaments erfolgt oft nur aufgrund von Klagen der Eltern und Lehrkräften, während das Kind selbst selten aktiv in die Behandlung mit einbezogen wird.

Organisationsprobleme

Die Mehrzahl der ADS-Kinder hat Probleme, sich zu organisieren, und scheint alles zu vergessen. Es ist daher sinnlos, ihnen gleichzeitig mehrere Aufgaben zu stellen: So wird es kaum klappen, wenn erst der Mülleimer weggebracht, dann etwas aus dem Keller geholt und anschließend dem Hund Futter gegeben werden muß. Selbst eine einzige Sache zu erledigen kann sich als schwierig gestalten. So haben die Eltern von Max endlich erreicht, daß er den Mülleimer hinausträgt. Er ist damit einverstanden, was nicht die Regel ist. Auf dem Weg nach draußen kommt er am Fernseher vorbei. Dort läuft gerade ein spannender Krimi. Er setzt sich hin, stellt den Eimer neben sich, und der Müll ist vergessen.

Im Vergleich zu Gleichaltrigen sind ADS-Kinder über alle Maßen vergeßlich. Haben die Eltern an einem Nachmittag mit Mühe erreicht, daß ihr Kind die Hausaufgaben erledigt hat, kann es ihnen passieren, daß es Hefte mit den Hausaufgaben zu Hause vergißt. Oder die Hausaufgaben werden mit in die Schule genommen, aber dann im Unterricht nicht schnell genug gefunden, weil sie vielleicht auf kariertem Papier geschrieben sind und im Matheheft stehen. Außerdem borgen sie sich bei ihren Geschwistern fortwährend Dinge, verlieren sie oder geben sie nicht zurück.

Treffpunkte halten sie oft nicht ein und nehmen es auch mit der Pünktlichkeit nicht genau. So kommt es vor, daß sie häufig nicht rechtzeitig zu Hause sind, obwohl sie eine Uhr besitzen.

Ursula Wölfels Geschichte aus den *Lach- und Sachgeschichten* von der Frau, die immer an etwas anderes gedacht hat, verdeutlicht diese Problematik:

»Einmal wollte eine Frau Wäsche waschen und Kartoffeln kochen und die Küche putzen. Sie hat aber an etwas anderes gedacht, und dabei hat sie den Eimer mit dem Putzwasser auf den Herd gestellt, und die Kartoffeln hat sie in die Waschmaschine geworfen, und das Waschpulver hat sie auf den Fußboden geschüttet. Dann hat sie gemerkt, daß alles falsch war. Sie hat schnell den Eimer vom Herd genommen, die Kartoffeln aus der Waschmaschine geholt und das Waschpulver aufgefegt. Jetzt wollte sie alles richtig machen, aber sie hat wieder an etwas anderes gedacht! Sie hat das Putzwasser in die Waschmaschine geschüttet und das Waschpulver hat sie in den Kochtopf getan, und die Kartoffeln hat sie in den Putzeimer geworfen.

Als sie anfangen wollte zu putzen, sind überall die Kartoffeln umhergekullert, und als die Frau die Kartoffeln grade wieder aufsammeln wollte, ist das Seifenwasser im Kochtopf übergekocht, und die ganze Küche war voll Waschbrühe.

Die Frau hat gelacht und gerufen: ›Jetzt ist die Küche wenigstens sauber!‹ und dann hat sie wirklich alles richtig gemacht.«

Die Beispiele zeigen, daß vor allem die Selbstkontrolle bei ADS-Kindern nur schlecht funktioniert. Russell Barkley ist der Auffassung, daß in dieser Hinsicht folgende Funktionen nicht altersgerecht funktionieren:

1. Die Fähigkeit, sich zu beruhigen und Dinge zu überdenken (selbst wenn es für zwei oder drei Sekunden ist).
2. Gestaltung eines Arbeitsplanes im Kurzzeitgedächtnis: Wichtige Tatsachen des Speicherns und Erinnerns.
3. Inneres Sprechen: Zu sich selbst sprechen, um eine Arbeitsstrategie zu entwickeln.
4. Lösungsorientiertes Denken: eine Lösung oder Antwort erarbeiten.

Die Geschwister Jonas und Sven leben in Marburg. Jonas ist ein ADS-Kind. Beide kommen mittags aus der Schule. Es ist ein regnerischer Montag im Mai. Beide Jungen sind aufgeregt, denn ein Zirkus gastiert in der Stadt. Die Vorstellung beginnt um 17.00 Uhr. Die Mutter erinnert sie an die Hausaufgaben, die vor dem Zirkusbesuch erledigt sein sollten. Beide eilen in ihr Zimmer. Um 16.00 Uhr kontrolliert die Mutter, wie weit sie mit den Hausaufgaben sind. Sven arbeitet gerade an seinen Mathehausaufgaben, und Jonas spielt am Computer sein Lieblingsspiel. Er hat mit den Hausaufgaben noch nicht angefangen.

Was ist geschehen? Nach dem Essen eilten beiden Jungen auf ihr Zimmer. Jonas, der ADS-Junge, setzte sich an seinen Schreibtisch und dachte mit Widerwillen an die Hausaufgaben. Sein Blick fiel dann auf den Computer, sofort kam ihm sein Lieblingsspiel in den Sinn, und er begann zu spielen. Dieser Prozeß lief nahezu automatisch ab: Mehr Reaktion als Entscheidung für oder gegen etwas. Das Spiel bedeutete Spaß, viel mehr Spaß, als die Hausaufgaben hätten bringen können. Jonas würde die ganze Zeit bis zu Beginn des Zirkus gespielt haben, wenn seine Mutter ihn nicht unterbrochen hätte. Sven ging auch in sein Zimmer, um die Hausaufgaben zu machen. Er war ebenfalls von dieser Idee nicht begeistert, ähnlich wie bei Max fiel sein Blick auf den Computer, und auch er dachte über das Computerspiel nach. Aber dann unterbrach er seine Gedanken, er erinnerte sich an seine Hausaufgaben mußte, und daß er Mathe, Deutsch und Englisch machen. »Ich bin mit den Hausaufgaben niemals bis zu Beginn der Zirkusvorstellung fertig«, dachte er bei sich »ich möchte aber nicht auf die Zirkusvorstellung verzichten.« Er versuchte nun, seinen Widerwillen gegen die Hausaufgaben zu kontrollieren. Er erinnerte sich, daß er sich das letzte Mal, als er seine Hausaufgaben nicht gemacht hatte, vor der gesamten Klasse blamiert gefühlt hatte. »Das soll mir auf keinen Fall wieder passieren«, dachte er. Dann hatte er eine Idee. Er wollte seine Mutter fragen, ob sie auch die Abendvorstellung besuchen könnten.

Der Unterschied zwischen den beiden Jungen ist offensichtlich. Das ADS-Kind ist nicht in der Lage, das Vorhaben zu beginnen, einen Plan zu entwickeln und zielorientiert zu arbeiten. Hallowell und Ratey (1994) fassen dies in ihrem Buch *Zwanghaft zerstreut* folgendermaßen zusammen: »Für ein ADS-Kind gibt es nur ›jetzt‹ oder ›nicht jetzt‹.«

ADS in unterschiedlichen Altersstufen

In ihrer Entwicklung vom Kleinkind zum Erwachsenen zeigen ADS-Kinder in den unterschiedlichen Lebensaltern teilweise typische Verhaltensweisen.

Während sich die Aufmerksamkeit der Mehrzahl der Drei- bis Vierjährigen beispielsweise darauf zentriert, wie man sich anziehen kann, Schuhe bindet und Zähne putzt, beobachtet man bei ADS-Kindern anderes. Während die meisten Kinder einige Jahre später lernen, ihr Zimmer aufzuräumen, die Hausaufgaben zu machen und Freundschaften mit Gleichaltrigen zu knüpfen, weichen ADS-Kinder in ihren Verhaltensweisen immer wieder ab.

ADS-Kinder mit Hyperaktivität / Impulsivität

Vorschulzeit

Oft berichten die Mütter, daß ihr Baby schon im Mutterleib außerordentlich unruhig gewesen sei. Es hat sich häufiger gedreht und viel mehr getreten als die Geschwister. Vor, während und nach der Geburt treten bei späteren ADS-Kindern nicht selten leichtere Komplikationen auf. Dazu gehören: Frühgeburt, Sauerstoffmangel, Verwickeln der Nabelschnur etc., sogenannte »soft signs«, Anzeichen also, die berichtet werden, aber doch nicht so häufig vorkommen oder intensiv auftreten, daß sie gleich eine besondere Bedeutung haben und für die Mehrzahl dieser Kinder eine Rolle spielen.

Auch Allergien, Neurodermitis und vermutlich auch Asthma treten häufiger auf als bei anderen Kindern.

Insgesamt aber gelten die Hyperaktiven als lebhafte, umtriebige, kontaktfreudige, sehr ansprechende und fröhliche Babys. Eltern erinnern sich immer gern daran, wie ansprechend und agil ihr Kind als Baby gewesen ist. Es ist sehr neugierig, krabbelt überall herum und interessiert sich für alles. Es faßt alles an und scheut keine Gefahren und Risiken. Selbst wenn es sich die Finger im wörtlichsten Sinne verbrennt, unternimmt es sofort wieder neue Erkundungsversuche.

Mit aller Vorsicht können die ADS-Kinder bereits im Alter von zwei bis drei Jahren mit einer gewissen Sicherheit identifiziert werden, vor allem dann, wenn die Eltern Vergleiche zu anderen Geschwistern haben. Ist das Kind das Erstgeborene, ist es schwierig für die Eltern zu beurteilen, was in der Altersnorm liegt und was vielleicht abweicht. Auffällig kann sein, daß es nahezu andauernd in Bewegung ist, sehr viel Aufmerksamkeit verlangt und sich überhaupt nicht allein beschäftigen kann. Auch kleinere Unfälle kommen häufig vor. Wenn Geschwister da sind, fällt die große Geschwisterrivalität und starke Eifersucht auf.

Im Alter von drei bis fünf Jahren verhalten sich die ADS-Kinder wenig gehorsam, vor allem in der Öffentlichkeit fügen sie sich nur selten den Anordnungen der Erwachsenen. Sie bringen die Eltern oft in sehr peinliche Situationen. Manche Familien vermeiden es, Restaurants, Wartezimmer und Cafés zu besuchen, um den schrecklichen Szenen, die sich dann dort abspielen würden, vorzubeugen. Auch mit Gleichaltrigen gibt es jetzt mehr Schwierigkeiten, da sie stärker mit anderen Kindern kommunizieren und nicht mehr nur allein spielen. Zu diesem Zeitpunkt meldet sich nicht selten der Kindergarten und beschwert sich über das Verhalten des Kindes. Die ADS-Kinder kommen vor allem in Gruppen, die Kinder unterschiedlichen Alters umfassen, nicht gut aus. Hier können sie sich nur schwer orientieren, Probleme mit der Disziplin treten täglich auf. Sie verstehen nicht, daß Regeln für einen Dreijährigen noch nicht gelten, aber bei einem Fünfjährigen eingefordert werden. Hier wird deutlich, daß ADS-Kinder in ihrer sozialen Reife meist nicht so weit entwickelt sind wie andere. Der Entwicklungsrückstand kann später bis zu drei Jahren betragen.

Auch zu den Haustieren haben viele ein ganz besonderes Verhältnis. So werden sie in dieser Altersgruppe von Katzen, Hunden etc. in der Regel gemieden, weil Tiere den Kindern aus dem Weg gehen, mit denen sie unangenehme Erfahrungen gemacht haben.

Nicht selten berichten Eltern, daß in diesem Lebensabschnitt auch die Auseinandersetzungen über die Erziehung des Kindes unter den Ehepartnern zunehmen. Sind die Erziehungsstile sehr heterogen, kommt es häufig zu ganz unterschiedliches Reaktionen. Bei dem einen Elternteil gehorcht das Kind, bei dem anderen überhaupt nicht. Studien zeigen, daß Trennungen und Scheidungen in Familien mit ADS-Kindern vergleichsweise häufiger vorkommen.

In der Grundschule

Im Alter von fünf bis zwölf Jahren treten die meisten Probleme auf. Vor Beginn der Schule üben so manche Kindergärten Druck auf die Eltern aus. Sie beschreiben das ADS-Kind als unreif und empfehlen die Zurückstellung vom Schulbesuch. Meistens ist das ein gravierender Fehler, der ausschließlich aufgrund der Erziehungsnormen der Kindergärtnerin zustande kommt und den Entwicklungsstand dieser Kinder nicht genügend berücksichtigt. Hat der Kindergarten Gruppen mit Kindern unterschiedlichen Alters, verlieren die Erzieherinnen leicht die Kontrolle über das ADS-Kind, weil sie unterschiedliche Regeln für die jeweiligen Altersgruppen zulassen müssen. Bei altershomogenen Gruppen werden die ADS-Kinder mit gleichbleibenden Anforderungen konfrontiert und können sich an dem Verhalten anderer Gleichaltriger modellhaft orientieren. Auch der Besuch der Vorklasse oder des Schulkindergartens empfiehlt sich nur dann, wenn die Betreuerinnen besonders dafür ausgebildet sind, mit den vielleicht schon schwierigen Verhaltensweisen umgehen können.

Zu Beginn der Schulzeit kann für diese Kinder unterstützend ein Verhaltenstraining beginnen, um Regeln, Abläufe und Strukturen, die sie in der Schule praktizieren, mit ihnen einzuüben. Besonders günstig ist es, wenn ein solches Training durch die Lehrkraft selbst erfolgt. Das ADS-Kind hat in diesem Alter eine gute Prognose, weil es noch wenige Lehrkräfte als Bezugspersonen hat und nach vier Grundschuljahren meistens so weit ist, daß es den Übergang in andere Schulen problemloser schafft.

In den ersten Schuljahren zeigt sich oft zusätzlich, daß ein Teil der ADS-Kinder auch Lernprobleme und entsprechende Lerndefizite hat. Sie sind in der Regel auffällig in der Graphomotorik, das heißt, sie schreiben außerordentlich schlecht. Sie haben Probleme mit der Feinmotorik, während sie in der Grobmotorik unauffällig sind. Sie erweisen sich als sehr sportlich, wendig, schnell und belastbar. Im Bereich der Feinmotorik und der damit verbundenen Koordination brauchen sie jedoch oft Hilfe. Ihr Schriftbild ist eine Katastrophe, und der Übergang von der Druckschrift zur Schreibschrift bereitet Probleme.

Besonders viele der Kinder haben eine Rechtschreibschwäche. Zusätzlich ist beobachtbar, daß unter den ADS-Kindern signifikant mehr Linkshänder anzutreffen sind als in der Gruppe der Gleichaltrigen.

Bei einer ganzen Reihe nehmen die Verhaltensprobleme im Laufe der Schulzeit zu. Hier gewinnt die Person der Lehrkraft und ihre erzieherische Kompetenz eine große Bedeutung. So gibt es Lehrkräfte, die nicht die geringsten Schwierigkeiten haben, mit ADS-Kindern umzugehen. Andere entwickeln kein Verständnis für sie, lehnen sie ab oder mögen sie nicht. Solche Lehrer sind für den Umgang mit ADS-Kindern – und erst recht für ein Verhaltenstraining – absolut ungeeignet.

Jens wurde vom Schulbesuch zurückgestellt und besucht die Vorschule. Seine Mutter ist alleinerziehend und als Selbständige berufstätig. Seine Lehrerin kommt mit ihm nicht zurecht. Sie ist nach wenigen Monaten völlig entnervt und nicht mehr in der Lage, mit dem Kind zu arbeiten. Jede Kleinigkeit bauscht sie auf. Sie sorgt dafür, daß Jens für Wochen vom Schulbesuch ausgeschlossen wird. Am liebsten würde sie ihn in die Psychiatrie einweisen lassen, damit allen deutlich wird, wie »gestört« das Kind ist. Der Mutter wirft sie ständig vor, sich nicht genügend um das Kind zu kümmern und ihre Vorschläge nicht zu befolgen. Zu Hause ist Jens folgsamer. Auch in der betreuten Grundschule macht er der Erzieherin keine Probleme und verträgt sich mit den anderen Kindern.

———

Spätestens im vierten Schuljahr merken viele ADS-Kinder, daß nicht alles in ihrem Verhalten in Ordnung ist. Ihr Selbstbewußtsein beginnt stärker zu leiden. Selbst wenn sie schwierig sind, mit den Eltern ständig diskutieren, den Lehrkräften offen widersprechen und sich mit anderen Kindern nicht vertragen, so haben alle ein geringes Selbstbewußtsein. Sie fühlen sich minderwertig. Hier ist die Unterstützung der Lehrkräfte besonders erforderlich. Einige sind jedoch leider durch das Verhalten des Kindes schon nach kurzer Zeit so verletzt und empfindlich, daß sie unbewußt fast eher eine Gelegenheit suchen, wie sie dem Kind so richtig eins auswischen können. Nicht wenige aber kämpfen mit und um diese Kinder. Sie bemühen sich um einen konsequenten und liebevollen Umgang und freuen sich auch über kleine Erfolge.

So schrieb eine Lehrerin kurz vor ihrer Pensionierung an den Schulpsychologen: »Nach den Sommerferien werde ich in den Ruhestand gehen. Jetzt habe ich meine letzte Klasse vom ersten bis zum vierten Schuljahr geführt, und ich möchte Ihnen noch einmal kurz Rückmeldung geben, wie sich mein Kevin entwickelt hat. Ich danke Ihnen für die gute Zusammenarbeit und für alles, was ich in Ihren Kursen über den Umgang mit diesen Kindern erfahren habe. Mein Kevin ist jetzt so, daß er unter den anderen Kindern nur noch ganz selten auffällt. Ich kann ihn jetzt ganz zufrieden und stolz in die weiterführende Schule entlassen.« – Wenn auch das Herz mitspricht, haben ADS-Kinder in der Schule eine gute Chance.

Ab der Pubertät

Ab der Pubertät werden viele ADS-Kinder vom äußeren Erscheinungsbild her ruhiger. Sie fallen nicht mehr so stark durch ihre motorische Unruhe auf. Ihr Verhalten aber kann auch weiterhin noch viele Probleme verursachen. In der Familie nimmt die ständige Diskutiererei zu. Sie müssen das letzte Wort haben, und ein Nein als Antwort akzeptieren sie selten. Über kleinste Anlässe wird endlos debattiert. Schwierigkeiten mit Gleichaltrigen können auch weiterhin noch bestehen, sie sind aber offensichtlich nicht mehr so gravierend wie früher. Der Freundeskreis findet nicht immer die Zustimmung der Eltern oder ist auch oft nicht nach dem Geschmack der Lehrkräfte. Sie schließen sich vielfach noch problematischeren Jugendlichen an und orientieren sich an ihnen. Standen bis jetzt unkonzentrierte, impulsive und unruhige Verhaltensweisen im Vordergrund, so kommt es bei den ADS-Jugendlichen – zwar nun seltener – doch zu gravierenderen Vorfällen. Sie fahren bedenkenlos ohne Führerschein Motorrad, sind in schwere Schlägereien verwickelt, begehen unter Umständen kleinere Delikte und werden straffällig, trinken maßlos und rauchen alles, was ihnen angeboten wird. Gegenüber andersartigen Jugendlichen entwickeln eine ganze Reihe von ihnen wenig Toleranz; Ausländer mögen sie häufig nicht, und viele vertreten auch unreflektiert rechtsgerichtete Parolen. Der Umgang mit einigen von ihnen wird zusehends schwieriger und gibt kaum noch Einflußmöglichkeiten. Glücklicherweise stabilisieren sich aber viele und werden nur noch gelegentlich auffällig. Voraussetzung dafür scheint allerdings zu sein, daß sie klare Strukturen erfahren und gelernt haben, sich zu organisieren. In überschaubaren Berufssituationen kommen sie bei entsprechend konsequenter Anleitung sehr gut zurecht. Sie arbeiten dann zuverlässig und zeichnen sich durch Belastbarkeit, Flexibilität und Risikobereitschaft aus.

Jochen arbeitet in einer Zoohandlung. Er kümmert sich rührend um die Tiere und gilt als absolut zuverlässig. Sein Chef ist ganz begeistert. Er berät die Kundschaft kompetent und kennt sich mit den Gewohnheiten vieler Tiere sehr gut aus. Kommen Jugendliche in den Laden, sind sie besonders beeindruckt, wenn er sich eine Vogelspinne ohne eine Miene zu verziehen über das Gesicht laufen läßt. Mittlerweile hat er sich von seinem Verdienst zwei Motorräder zugelegt, die er frisiert hat und regelmäßig fährt. Da er noch nicht achtzehn Jahr alt ist, besitzt er natürlich auch keinen Führerschein. Einmal fuhr er direkt in eine Polizeikontrolle und hielt nicht an. Als ein Polizeiwagen ihn verfolgte, gab er ordentlich Gas und entkam.

Auf den Volksfesten in den Nachbardörfern kennt ihn jeder. Wenn er betrunken ist, beginnt er häufig grundlos mit Streitereien und geht keiner Schlägerei aus dem Weg. Besonders gern sucht er Auseinandersetzungen mit Ausländern.

Als Erwachsene zeigen 25 Prozent der ADS-Jugendlichen keine Symptomatik mehr (Hechtmann, 1996), oder diese hat sich zumindest stark verringert. Ansonsten bleibt die Hyperaktivität bis zu einem gewissen Grad erhalten. Der Psychiater Paul Wender spricht von »ADS – ein Leben lang« (Wender, 1986). Einer der wichtigsten Unterschiede ist jedoch, daß der Erwachsene selbst – je nach Vorliebe und Temperament – entscheiden kann, ob er sich fortbilden, eine Ausbildung machen, den Beruf wechseln oder bestimmte Hobbys praktizieren möchte. Das Verhalten der Erwachsenen wird zudem anders bewertet. Es wird mit ihnen anders umgegangen. Man kritisiert sie weniger häufig als Kinder und kommentiert in der Regel ihr Verhalten nicht öffentlich, weil sich dies unter Erwachsenen nicht gehört.

Wenn jemand einen Nachbarn hat, der hyperaktiv ist, und dieser beginnt den Rasen zu mähen, kann es sein, daß er den Rasenmäher unsachgemäß bedient und hin und her rast wie von der Tarantel gestochen, um den Rasen in Windeseile zu bearbeiten. Darüber werden die Nachbarn amüsiert sein, aber keiner greift zum Telefon, um ein anderes Verhalten zu empfehlen.

ADS-Kinder ohne Hyperaktivität / Impulsivität

Unter den ADS-Kindern ohne Hyperaktivität – also ausschließlich unaufmerksam – befinden sich auffällig viele Mädchen.

Monika war ein Baby, das keine Probleme machte. Sie war zurückhaltend, ruhig, lächelte viel und war gern mit anderen Kindern zusammen. Ihre Entwicklung verlief normal. Monika konnte mit 12 Monaten laufen, und im Alter von zwei Jahren konnte sie einige Wörter sprechen.

Auch im Kindergarten war sie unproblematisch. Als Monika drei Jahre alt war, fing ihre Mutter wieder an zu arbeiten; Monika reagierte darauf negativ. Sie zeigte keine Wutausbrüche, aber sie weinte häufig und zog sich ganz zurück. Das führte dazu, daß sich die Mutter schuldig fühlte. Sie erkundigte sie sich im Kindergarten, wie sich das Kind dort verhielt. Sie erhielt als Antwort: »Es ist alles in Ordnung.«

Von ihrem Sozialverhalten her hatte Monika keine Probleme mit anderen Kindern. Sie nahm aber eher eine zögerliche und passive Rolle ein. Wenn sie auf Kinder traf, die sie nicht kannte, stand sie an der Seite und beobachtete sie. Dies machte ihr offensichtlich Spaß, denn sie lächelte dabei und freute sich. Monika ging gern in den Kindergarten. Sie liebte ihre Erzieherin, und auch die kam sehr gut mit ihr zurecht. Sie war ein Kind, das man gut leiden konnte. Sie hatte sogar zwei feste Freundinnen.

In der Schule ging am Anfang alles gut. Monika war ein bißchen langsamer als die anderen Kinder. Sie hatte Probleme damit, ihre Materialien zusammenzuhalten, und manchmal verlor sie Dinge ohne ersichtlichen Grund. Ihre Lehrerin bemerkte, daß sie gelegentlich etwas »hinterherhinkte«. Manchmal schaute sie aus dem Fenster oder träumte vor sich hin. Nach einem halben Jahr hatte sie keine Lust mehr, in die Schule zu gehen. Sie kam oft nicht rechtzeitig zum Schulbus. Nach einigen Wochen schien dies überwunden, und auch ihre Lehrerin war der Auffassung, daß schon alles in Ordnung kommen würde.

Im zweiten und dritten Schuljahr ging alles noch weniger gut. Jetzt klagte die Lehrerin darüber, daß Monika Schwierigkeiten hätte, sich zu organisieren und bei einer Arbeit zu bleiben. Die Lehrerin fügte hinzu: »Aber machen Sie sich keine Sorgen, sie wird das schon in den Griff kriegen. Sie ist ein so nettes Mädchen.« Und in der Tat war sie auch zu Hause pflegeleicht – mit einer kleinen Einschränkung: Sie verlor oft etwas und konnte sich an vieles nicht erinnern. Sie vergaß den Hund zu füttern oder ließ ihre Sachen über Nacht auf der Wiese vor dem Haus liegen, so daß sie am nächsten Morgen völlig durchnäßt waren. Im fünften Schuljahr klagten die Lehrer über Unkonzentriertheit und darüber, daß Monika sich sehr schlecht organisieren könne und ihre Arbeiten nicht beende. Dennoch war sie bei den Lehrkräften sehr beliebt. Sie hatten das Gefühl, daß sie mitarbeiten wollte, und wenn sie manchmal versagte, führten sie es darauf zurück, daß sie nicht richtig bei der Sache gewesen war. Sie hatte niemals Verhaltensprobleme und kam auch mit den anderen Kindern gut aus.

In der siebten Klasse wurde es schlimmer. Monika hatte jetzt viele verschiedene Lehrkräfte und viel mehr Hausaufgaben. Jetzt zeigten sich starke Defizite. Sie konnte oft die Aufgaben nicht bearbeiten, und vermehrt fehlten ihr die notwendigen Hefte und Bücher. Zu Hause kam es zu Auseinandersetzungen wegen der Hausaufgaben, für die sie täglich drei Stunden und mehr benötigte. Die Noten wurden noch ein bißchen schlechter. In der achten Klasse passierte dann etwas Merkwürdiges. Sie sollte ein Gedicht vorlesen, doch während sie las, fingen ihre Hände an zu zittern, sie atmete kurz und heftig ein und aus, und die Stimme versagte nahezu völlig. Ihre Englischlehrerin nahm Rücksicht darauf, und sie brauchte das Gedicht nicht zu Ende vorzulesen. Es war ihre erste Panikattacke. Als Monika das nächste Mal vor der Klasse sprechen sollte, kam die nächste Attacke. Zu ihrer Unaufmerksamkeit kam nun ihre Ängstlichkeit hinzu. Ihre Eltern waren über ihre Schulleistungen enttäuscht. In den Augen der Eltern wurde sie immer merkwürdiger. So konnte sie z. B. auf einmal vor anderen nicht mehr essen und trinken.

Jetzt suchten die Eltern eine Kinderpsychologin auf. Zunächst wurde Monikas depressives Verhalten behandelt. Die Medikation zeigte keine großen Erfolge. Die Kinderpsychologin beschloß, Monika zu testen. Sie hatte einen Intelligenzquotienten

von über 120. Dieses Ergebnis stand ganz im Gegensatz zu
ihren Noten in der Schule . . .

———

So ergeben sich bei den vorwiegend aufmerksamkeitsgestörten Kinder folgende Probleme:

1. ADS-Kinder ohne Hyperaktivität sind im Kindergartenalter außerordentlich schwer von anderen Kindern zu
   unterscheiden, weil alle Kinder dieser Altersgruppe kurze
   Aufmerksamkeitsspannen zeigen. Von daher ist eine Kon-
   zentrationsstörung noch nicht diagnostizierbar.

2. Die ADS-Kinder mit Hyperaktivität zeigen ihre Auffälligkeiten im Verhaltensbereich schon sehr früh. Sie werden
   früher erfaßt, und man kann sie besser beobachten. ADS-
   Kinder ohne Hyperaktivität verhalten sich angepaßt.
   Man hat mit ihnen keine Schwierigkeiten, und deshalb
   entsteht auch der Eindruck, daß sich die Aufmerksam-
   keitsprobleme lösen lassen. Sie werden oft nicht erkannt
   und erfahren daher keine Förderung.

3. Je älter die ADS-Kinder werden, umso wahrscheinlicher
   ist es, daß sie auch andere psychische Störungen wie z. B.
   Panickattacken, Ängstlichkeit, Depressionen, Eßstörun-
   gen etc. entwickeln, wenn ihre Aufmerksamkeitsproble-
   matik nicht behandelt wird.

Ursachen

Ererbt oder erlernt?

Seit einiger Zeit ist bekannt, daß ADS sehr viel mit Vererbung zu tun hat. Es scheint eine Symptomatik zu sein, die offensichtlich in einem hohen Maße nicht durch äußere Einflüsse entsteht. Viele Studien haben nachgewiesen, daß sich in der Verwandtschaft von ADS-Kindern mit Hyperaktivität / Impulsivität auch immer hyperaktive Verwandte befinden (Barkley 1999). Die Wahrscheinlichkeit, daß ein Kind eines solchen Verwandten auch von ADS betroffen ist, wird auf 5 Prozent geschätzt. Wenn ein Geschwister hyperaktiv ist, erhöht sich der Wert auf 30 Prozent. Bei einem Elternteil mit ADS beläuft sich die Prognose auf über 50 Prozent. Dennoch sind die eigentlichen Ursachen für Hyperaktivität unbekannt.

Auffälligkeiten bei Gehirnaufnahmen

Gehirnaufnahmen, die in den letzten zehn Jahren vorgenommen wurden, lassen Vermutungen darüber zu, welche Gehirnregionen beteiligt sein könnten. Vor allem die Untersuchungen von Castellanos und Rapaport (1996) haben gezeigt, daß das rechtsseitige vordere Stammhirn (präfrontaler Kortex), zwei der Basalganglien und der Vermis (Wurm) des Kleinhirns bei hyperaktiven Kindern kleiner sind als bei normalen Kindern. Gleiches stellte Kastalanostiem 1998 für den Vermis (Wurm) des Kleinhirns fest. Diese Regionen scheinen die Aufmerksamkeit zu steuern. So nimmt das rechte vordere Stirnhirn an der Planung von Verhalten teil, hilft Ablenkungen zu widerstehen und ein Bewußtsein für Zeit zu entwickeln. Die beiden Basalganglien helfen, Reaktionen abzuwägen und auch »abzuschalten«. Die genaue Funktion der

Vermisregion ist nicht klar. Was letztlich dieser Größenunterschied bewirkt, weiß man noch nicht genau. Allerdings deuten viele Studien darauf hin, daß Mutationen an verschiedenen Genen eine Rolle spielen könnten, die normalerweise im präfrontalen Kortex und in den Basalganglien sehr aktiv sind. Die Mehrzahl der Wissenschaftler glaubt an eine polygenetische Ursache für Hyperaktivität – nicht ein einziges, sondern viele schadhafte Gene liegen vor.

Bestätigung durch Zwillingsforschung

Verwandtschaftsuntersuchungen legten, wie gesagt, die Genanalyse nahe. In Familien mit z. B. einem hyperaktiven Kind entwickelten Geschwister Hyperaktivität erheblich häufiger als in anderen Familien. Die überzeugendsten Hinweise dazu stammen aus Zwillingsstudien (Gillis, 1992). An den Universitäten Oslo und Southampton wurden insgesamt 526 eineiige – genetisch identische – Zwillinge und 389 zweieiige Zwillinge, die sich genetisch nicht mehr gleichen als andere Geschwister, untersucht. Dabei ermittelten die Forscher für die Verhaltensstörungen eine Erblichkeit von nahezu 80 Prozent. Hieraus wird gefolgert, das Unterschiede in Hyperaktivität, Impulsivität und Aufmerksamkeit zu 80 Prozent genetisch bedingt sind (Barkley, 1999). Dabei muß natürlich auch bedacht werden, das gleich aussehende Kinder von ihrer Umwelt gleich behandelt werden, was eine Ähnlichkeit in ihrem Verhalten mitbedingen kann.

Nicht-genetische Faktoren

Aber auch nicht-genetische Faktoren können nachweislich von Bedeutung sein, etwa eine verfrühte Geburt, Alkohol- und Tabakkonsum der Mutter, eine hohe Bleiexposition in der frühen Kindheit oder eine Hirnverletzung, insbesondere am vorderen Stirnhirn. Eine ganze Reihe von Forschern und Praktikern rechnen diese Gruppe nicht zu den eigentlichen ADS-Kindern. Es sind Kinder, die den ADS-Kindern sehr ähneln, aber sehr starke neurologische Handikaps haben und aus diesem Grund als gesonderte Gruppe betrachtet werden sollten.

Andere oft verdächtigte Einflüsse, etwa ungesundes Essen oder ein ungünstiges soziales Umfeld, sind in diesem Zusammenhang vielleicht zu Unrecht in Mißkredit geraten, weil Forscher nicht übereinstimmend nachweisen konnten, daß etwa falsche Ernährung, z. B. die aufgenommene Zuckermenge oder anderes, zu Aufmerksamkeits-Defizit-Störungen beitragen. Durch diesen genetischen Ansatz traten auch die Argumente in bezug auf Erziehung in den Hintergrund.

Tausende von Genen

Kinder sind mit Tausenden von Genen ihrer Eltern ausgestattet. Diese Gene sind in bestimmter Weise angeordnet, und manchmal kommt es vor, daß sie nicht korrekt arbeiten. Sind solche Abweichungen auf einzelnen Genen lokalisiert, können sie oft große Probleme verursachen. Es können aber auch Abweichungen vorkommen, die – wie schon erwähnt – mehrere Gene zur gleichen Zeit betreffen. Es wird vermutet, daß ADS dieser Kategorie von Abweichungen zuzuordnen ist. Eine ganze Reihe von Experten ist der Auffassung, daß Tausende von Genen unter Umständen mit ADS in irgendeiner Form zu tun haben (Barkley 1999). Wenn man nun die Sichtweise vertritt, daß ADS in gewisser Weise auch vererbt wird, sagt dies nur aus, daß ADS als Problem von Generation zu Generation weitergegeben werden kann.

Über fehlerhafte Gene und den Neurotransmitter Dopamin

Welche Gene könnten fehlerhaft sein?
Möglicherweise handelt es sich sogar um Erbanlagen, die über den Umgang des Gehirns mit dem Neurotransmitter Dopamin bestimmen, also einem der Botenstoffe, der Signale zwischen den Nervenzellen übermittelt. Dopamin wird in spezifischen Hirnbereichen von Neuronen freigesetzt. Das Molekül hemmt oder moduliert die Aktivität anderer Neuronen – insbesondere die Aktivität derer, die auf Gefühle oder

Motorik Einfluß haben. Wie stark nun das Dopaminsignal wirkt, hängt u. a. davon ab, wie gut Rezeptoren auf den gegengeschalteten Nervenzellen darauf ansprechen.

Vertreter dieser Forschungsrichtung kommen nun zu dem Ergebnis, daß Veränderungen in den Genen offensichtlich die Wirksamkeit von Dopamin beeinflussen.

Genetische Befunde und Verhaltensstörungen

Wie aber sind die charakteristischen Verhaltensstörungen mit den anatomischen und genetischen Befunden zu vereinbaren? Barkley (1999) geht in seinem Erklärungsmodell davon aus, daß die molekularen und organischen Abweichungen durchaus als eigentliche Ursache der Hyperaktivität interpretiert werden können, weil sie nämlich Ursache für die mangelhafte Hemmung von Verhaltensimpulsen und für die zu schwache Selbstkontrolle sind.

Barkley legt dar, daß Selbstkontrolle zum Durchführen und Gelingen einer Aufgabe grundlegend dazugehört. Kinder eignen sich normalerweise geistige Funktionen nach und nach an. Sie können Ablenkungen ausblenden, sich an Ziele erinnern und sie schrittweise verfolgen. Um ein Ziel zu erreichen – beim Spiel oder bei der Arbeit –, muß man dieses im Gedächtnis festhalten, sich die nötigen Schritte bis zum Erfolg vergegenwärtigen, währenddessen seine Gefühle zügeln und sich gleichzeitig zum Handeln motivieren. Diese Handlungsplanung und -durchführung wichtiger Funktionen kann nur gelingen, wenn störende Gedanken und Impulse unterdrückt werden können. Bei jüngeren Kindern ist beobachtbar, daß sie zurück-, vor- und mitdenken, indem sie laut reden. Später behalten sie dieses innere Sprechen mehr und mehr für sich und artikulieren es nicht mehr laut.

Verschiedene Handlungshilfen sind in diesem Zusammenhang besonders wichtig:

Zum einen muß das *Arbeitsgedächtnis* mitwirken. Es hält Informationen fest, während eine Aufgabe durchgeführt wird: ist also für zeitgerechtes und zielgerechtes Verhalten verantwortlich. Es ermöglicht den Blick zurück und auch voraus. Es erlaubt eine innere Vorbereitung von Handlungen und hilft auch bei der Übernahme komplexer Verhaltensabläufe oder Nachahmung von anderen Personen. All dies ist beim hyperaktiven Kind nur selten zu finden.

Eine weitere Denkhilfe ist das »innere« – stumme – Selbstgespräch. Wie bereits erwähnt, pflegen Kinder vor dem siebten Lebensjahr Tätigkeiten häufig mit lauten Äußerungen zu begleiten. Es ist sozusagen eine Hilfestellung, sich an etwas zu erinnern, um Probleme zu bewältigen: »Wo habe ich das Buch hingelegt? – Ach ja, es liegt auf dem Tisch.«

Im Grundschulalter ist aus dem kindlichen Selbstgespräch normalerweise ein fast unhörbares Murmeln geworden. Inneres Sprechen mit sich selbst ermöglicht Selbstreflexion. Es erlaubt darüberhinaus das Befolgen von Regeln und Vorschriften, läßt das Lösen von Problemen durch Selbstbefragung zu und gestattet, allgemeinere Regeln zu erstellen, die das Lösen von neuen Aufgaben ermöglichen. Dieser Prozeß erfolgt schnell, selbständig und ohne äußere Hilfe. Untersuchungen weisen darauf hin, daß aufmerksamkeitsgestörte Kinder diese Form des Selbstgespräches verzögert oder gar nicht praktizieren (Wagner 1988).

Auch die Selbstkontrolle von Emotionen, Motivation und der Erregungszustände spielt hier eine Rolle. Sie hilft Ziele zu erreichen, indem womöglich störende Gefühlsreaktionen auf irgendein Geschehen nötigenfalls aufgeschoben oder verwandelt werden. Wer augenblicklichen Launen widersteht, kann sich sozial angepaßter benehmen.

Verhaltensprobleme – eine Funktionsstörung des Gehirns?

Was läuft in einem ADS-Kind in dem Moment ab, wenn es die ADS Symptome produziert? Diese Frage führt zwangsläufig zu eher neurobiologischen Überlegungen.

Die amerikanische Psychiatrie hat sehr früh versucht, Verhaltensprobleme, Motivation und daraus folgendes Verhalten als eine Funktionsstörung des Gehirns zu erklären. Wenn also das Problem neurologischer Natur ist, zeigt sich auch die Indikation einer Medikation – mehr dazu später.

Die Verfechter des neurologischen Konzepts haben sehr starken Auftrieb gewonnen durch Peter Kramers Buch: *Listening to Prozac* (Kramer 1994). Prozac galt als **das** Anti-Depressivum und wurde in unerhörten Mengen verschrieben. Dieses Buch machte aber Wörter wie »Neurotransmitter« und »Serotonin« nahezu zum Bestandteil des allgemeinen Sprachgebrauchs. Das Prozac-Phänomen hat die amerikanische Gesellschaft mit dem Modell einer biologisch orientierten Psychiatrie vertraut gemacht und gezeigt, wie angenehm es ist, mit Hilfe von Medikamenten psychische Probleme zu lösen.

Der Irrtum einer biologisch orientierten Psychiatrie kann sein, daß sie die Verhaltensprobleme der ADS-Kinder ausschließlich als Funktionsstörung des Gehirns ansieht. Die meisten klinischen Studien sind im Fall von ADS methodisch so angelegt, daß sie die Umgebung der Familien nicht berücksichtigen. Nur weil biologische und genetische Faktoren wahrscheinlich sind, kann dies eigentlich nicht bedeuten, daß sich die Behandlung auf Medikation zu beschränken hat.

Auffällig ist, daß viele Wissenschaftler bei der Erforschung von ADS weniger Aufmerksamkeit auf die Lebensbedingungen von Kindern richten als auf die Schaltungen ihrer Neuronen im Gehirn. So hat etwa die Arbeitsgruppe von Professor Biedermann in Harvard circa hundert Untersuchungen zur Behandlung von ADS veröffentlicht. Nur zwei Studien berücksichtigen Lebensbedingungen in der Familie und Umweltrisiken als Faktoren für ADS bei Kindern. Sie stellen einen starken Zusammenhang fest zwischen Streßfaktoren, Familiengröße, Kriminalität, Arbeitslosigkeit etc. und dem Risiko für ADS. So kann vermutet werden, daß die Verhaltensstörungen der ADS-Kinder ihre Ursachen auch oder vielleicht doch vor allem im sozialen Umfeld des Kindes haben.

Soziale Faktoren

Niemand bezweifelt, daß chaotische Verhältnisse im Elternhaus, zerbrochene Familienstrukturen, Scheidung, alleinerziehende Elternteile, Krankheiten, Alkohol und andere Faktoren in der Familie Verhaltensprobleme bei Kindern hervorrufen können.

Übergroße Klassen, ungenügend ausgebildete Lehrkräfte, die im Umgang mit unruhigen Kindern überfordert sind, können ebenfalls Aufmerksamkeitsstörungen erzeugen.

Leider werden Ursachen für Unterrichtskonflikte oft allein nur bei den Schülern gesucht. Die Analyse von Störungen in der Lehrer-Schülerinteraktion, von schlechten schulischen Bedingungen für ADS-Kinder ist unüblich. Aufgrund ihrer Verhaltensauffälligkeiten haben diese Kinder in der Regel keine Lobby. Doch genauere Analysen gerade für den schulischen Bereich wären dringend erforderlich, statt dessen wird der auffällige Schüler nicht selten aus der Regelschule entfernt, in eine Sonderschule abgeschoben oder an andere »Beratungsautoritäten« (Psychiater, Psychologe, Ärzte etc.) abgetreten.

Viele aufmerksamkeitsgestörte Kinder sind im Schulalltag unmotivierte Kinder. Das bedeutet, der Unterricht ist so langatmig und uninteressant, daß sie sich ihrem Temperament und ihrer Begabung entsprechend langweilen und sich nicht in das Unterrichtsgeschehen einbringen. Manche Unterrichtskonzeptionen – Tages- und Wochenplanarbeit – kommen gerade den ADS-Kindern wenig entgegen, auch wenn sie für andere Kinder pädagogisch sehr sinnvoll sind. Sie setzen voraus, daß sich das ADS-Kind in seiner Arbeit organisieren und strukturieren kann. Eigentlich will es jedoch genau das in der Schule lernen. Unterrichtsformen, die das Bearbeiten von vielen Arbeitsblättern voraussetzen, fallen ihm besonders schwer. Wenig Methodenwechsel und geringe Dynamik erlauben es den Unruhigeren kaum, sich zu integrieren und zu steuern. Untersuchungen an aufmerksamkeitsgestörten Kindern (Krowatschek, 1999) haben ergeben, daß etwa 50 Prozent der aufmerksamkeitsgestörten Kinder unmotiviert sind und schon deshalb im Unterricht ausbrechen. Dennoch gehen die meisten von ihnen gern zur Schule, vermutlich weil sie ständig das Gefühl haben, sie könnten etwas verpassen. Viele von ihnen nehmen ihre katastrophalen schulischen Bedingungen geduldig hin. Fast hat man den Eindruck, daß hier tatsächlich eine »Wahrnehmungsstörung« vorliegen muß.

MCD – frühkindliche Hirnschädigung

Bei einigen Autoren findet sich noch immer die Theorie, daß ADS durch eine frühkindliche Hirnschädigung hervorgerufen sei. Dabei wird von einer minimalen cerebralen Dysfunktion (MCD) gesprochen. Dies bedeutet eine diffuse frühkindliche Hirnschädigung. Manchmal hat es den Anschein, daß manchen Lehrkräften diese Auffassung, eine Anomalität oder eine Hirnverletzung sei die Ursache hyperaktiven Verhaltens, entgegenkommt. Damit scheiden ihrer Auffassung nach andere Erklärungsmöglichkeiten – vor allem solche, die mit der Form des Unterrichts und der Persönlichkeit der Lehrkraft zu tun haben – völlig aus, weil eine ursächliche Schädigung seitens des Kindes unterstellt wird. Die Auffassung, daß eine leichte frühkindliche Schädigung des Gehirns – ausgelöst durch Schwangerschafts- und Geburtskomplikationen – als Ursache für Aufmerksamkeitsstörungen und hyperaktives Verhalten in Frage kommt, konnte nicht bestätigt werden (Esser & Schmidt, 1987).
Bei Kindern mit Verhaltensstörungen, die in der Psychiatrie vorgestellt wurden, erwies sich nur bei einem Prozent die Diagnose »MCD« als berechtigt. Natürlich kann eine Verletzung des Gehirns Verhaltensänderungen hervorrufen. Der Prozentsatz dieser Kinder unter den Hyperaktiven ist aber außerordentlich gering.
In medizinischen Untersuchungen erzielen ADS-Kinder bei routinemäßigen durchgeführten Blut- und Urinuntersuchungen unauffällige Ergebnisse. Signifikante Hinweise auf neurologische Befunde sind selten. Auch die in der Literatur beschriebenen Auffälligkeiten im Elektroencephalogramm (EEG) (Kupermann et. al., 1996) gelten als umstritten (Diller, 1998).

Falsche Ernährung

Obwohl es zahlreiche Erfahrungen von Eltern und anderen Personengruppen gibt, daß bestimmte Nahrungsmittel bzw. Nahrungszusatzstoffe Aufmerksamkeitsstörungen und hyperaktives Verhalten begünstigen, ist der Wirkmechanismus noch unklar. Auch in der therapeutischen Praxis wird beobachtet, daß ein Teil der hyperaktiven Kinder nach dem Konsum von Schokolade und Süßigkeiten auffällig unruhiger wird. Inwieweit hier echte Allergien oder Empfindlichkeiten gegenüber bestimmten Stoffen vorliegen, läßt sich bis heute nicht mit herkömmlichen Tests feststellen, sondern es muß immer der unmittelbare Zusammenhang zwischen der Nahrungsaufnahme und auffälligem Verhalten beobachtet werden.

So haben sich die klassischen Diäten nicht als Behandlungsmöglichkeit für Hyperaktivität erwiesen. Die Wirkung der phosphatfreien Diät der Apothekerin Herta Hafer ist wissenschaftlich nicht belegbar. Frau Hafer hat diese Diät für ihr hyperaktives Adoptivkind entwickelt, und diesem hat sie geholfen. Jeder Praktiker kennt Kinder, denen die phosphatfreie Diät Linderung verschafft hat. Insgesamt aber ließ sich ihre generelle Wirksamkeit nicht nachweisen.

Auch der amerikanische Diätansatz von Feingold (1975), der interessanterweise in Deutschland kaum bekannt ist, konnte nicht nachhaltig verifiziert werden. Feingold geht davon aus, daß die künstlichen Farbstoffe und Geschmacksbeimischungen in der Nahrung Hyperaktivität verursachen. Infolgedessen entwarf Feingold eine Diät, die möglichst Salicylate, Farb- und Konservierungsstoffe ausspart. Salicylate sind vor allem in Früchten enthalten. Dabei enthalten getrocknete Früchte (Rosinen) eine höhere Konzentration als frische Früchte. Beeren, Ananas, Pflaumen scheinen einen sehr hohen Anteil an Salycilaten zu besitzen. Kaffee enthält keine Salycilate, Honig, einige Nußsorten und alkoholische Getränke dagegen wieder signifikant viel, Fleisch, Eier, Bohnen, Cornflakes etc. enthalten nur geringfügige Mengen. In einzelnen Untersuchungen zur Anwendung dieser Diät konnte nachgewiesen werden, daß sich das Lernverhalten bei Kindern besserte. Insgesamt aber sagen die meisten Studien aus, daß Hyperaktive keine Verbesserung durch die Diät erzielen. Die Feingold-Diät wird heute noch in Amerika und Großbritannien häufig bei ADS-Kindern mit Hyperaktivität durchgeführt.

Die Behandlung mit der scheinbar wirksameren oligoantigenen Diät wird als noch zu »umständlich, aufwendig, kostspielig und sozial einschneidend« angesehen (Egger 1995). Bei dieser Diät werden Nahrungsmittel auf ihre Verträglichkeit hin getestet und bei hyperkinetischen Störungen, die vermutlich auf Nahrungsmittel zurückzuführen sind, eingesetzt. Dabei haben die entsprechenden Studien gezeigt, daß einige Nahrungsmittel und Nahrungsmittelzusätze durchaus hyperkinetisches Verhalten auslösen können. Die Diätbehandlung geht davon aus, daß bei ADS-Kindern jedes Nahrungsmittel im Prinzip hyperaktives Verhalten auslösen oder verstärken kann. Diese Nahrungsmittel werden vermieden oder durch andere ersetzt. Dies muß aber individuell bei jedem einzelnen ADS-Kind untersucht werden, auch wenn es, wie die folgende Tabelle zeigt, einige Nahrungsmittel gibt, die viele ADS-Kinder gut vertragen. Auf andere reagieren sie eher negativ.

So ließ sich unter Vermeidung von bestimmten Lebensmitteln bei 50 bis 80 % der hyperaktiven Kinder das Verhalten beeinflussen. Bei Kindern, bei denen nur eine Besserung und keine Normalisierung des Verhaltens erreicht wurde, setzte man außer der Diät zusätzlich Verhaltensmodifikation, Konzentrationstraining und Bewegungstherapie, aber auch Medikamente ein. Bei Kindern aus Familien mit starken sozialen Problemen wurde häufiger beobachtet, daß die Diät weniger Erfolge erzielt.

Die Behandlung mit der oligoantigenen Diät ist umständlich, aufwendig und auch nicht billig. So soll nach Egger eine solche Diätbehandlung unter Überwachung des Arztes und einer Diätassistentin erfolgen. Sie kann im Prinzip nur in bestimmten spezialisierten Zentren durchgeführt werden.

Die folgende Tabelle gibt in Ausschnitten einen Einblick darüber, welche Lebensmittel beispielsweise von hyperaktiven Kindern gut und welche nicht so gut vertragen werden.

Nahrungsmittel	Negative Reaktion bei hyperaktiven Kindern
Farb- und Konservierungsstoffe	79 %
Kuhmilch	64 %
Schokolade	59 %
Trauben	50 %
Weizen	50 %
Zitrusfrüchte	49 %
Käse	45 %
Eier	39 %
Erdnüsse	32 %
Mais	29 %
Fisch	23 %
Hafer	23 %
Melonen	21 %
Tomaten	20 %
Ananas	19 %
Zucker	16 %
Rind	16 %
Bohnen	15 %
Erbsen	15 %
Malz	15 %
Apfel	13 %
Schweinefleisch	13 %
Birnen	12 %
Huhn	11 %
Kartoffeln	10 %
Kaffee	10 %

Nahrungsmittel	Negative Reaktion bei hyperaktiven Kindern
Gemischte Nüsse	10 %
Gurke	9 %
Bananen	8 %
Karotten	7 %
Pfirsiche	7 %
Lammfleisch	5 %
Truthahn	5 %
Reis	4 %
Hefe	4 %
Aprikosen	3 %
Zwiebel	3 %

Abbildung 6: *Verträglichkeit bestimmter Lebensmittel – nach Egger (1995), S. 132.*

Chancen und Nachteile

Das jeweils gegenwärtige Verhalten eines ADS-Kindes löst bei den Eltern meist weniger Streß aus als der Gedanke an die Zukunft. Wenn das Kind wieder einmal die Hausaufgaben vergessen hat und keine Ruhe findet, machen viele Eltern sich Sorgen, ob es überhaupt später einmal in einen Beruf integrierbar sein wird. Bei allen Schwierigkeiten, ein ADS-Kind aufzuziehen, ist die Zukunft jedoch nicht so schwarz, wie man manchmal denkt. Die Mehrzahl der ADS-Kinder ist außerordentlich lebenstüchtig und gehört zu den Menschen, die man als »Stehaufmännchen« bezeichnet. Sie sind belastbar und gewinnen dem Leben »trotz allem« Freude ab. Sie haben so viele gesunde Anteile in sich, daß ihre Lebensprognose viel besser ist als befürchtet.

Sozioökonomischer Status

Bei der Analyse der Lebensläufe von ADS-Kindern läßt sich fast immer beobachten: Je höher der sozioökonomische Status, desto besser. Sucht man Gründe für diesen Zusammenhang, zeigt sich, daß offensichtlich insgesamt bei Eltern mit einem höheren sozioökonomischen Status eine bessere Gesundheitsfürsorge betrieben wird. Sie scheinen sich leichter auf die Probleme ihres Kindes einstellen zu können, und es ist ihnen geläufiger, professionelle Hilfe in Anspruch zu nehmen. Liegen dagegen in der Familie starke Belastungen wie beengte Wohnverhältnisse, ökonomische Probleme, Arbeitslosigkeit, verbunden mit starken familiären Belastungen wie Scheidung, Arbeitslosigkeit, Kriminalität, Sucht etc. vor, ist das Familiensystem nur schwer in der Lage, ein ADS-Kind aufzufangen. Das Risiko, daß sich die Symptomatik verstärkt, steigt an. Notwendige Maßnahmen für die Unterstützung des Kindes können nicht initiiert oder organisiert werden.

Intelligenz

Intelligente ADS-Kinder sind gegenüber anderen im Vorteil. Sie können durch ihre schnelle Auffassungsgabe manche durch ADS bedingte Defizite ausgleichen. Der Vergleich zwischen einem durchschnittlich begabten Kind (IQ 100) und einem sehr begabten Kind (IQ 130) soll dies veranschaulichen. Beide können etwa sieben Minuten lang konzentriert an einer Sache arbeiten. Das sehr begabte Kind bearbeitet die ihm gestellte Aufgabe in vier Minuten, ist dann fertig, mit sich zufrieden und wird von der Lehrkraft gelobt. Das andere ADS-Kind braucht für die Lösung der gleichen Aufgabe zehn Minuten, aber nach sieben Minuten Arbeit kann es sich nicht mehr konzentrieren, gibt auf, fängt an zu stören und bekommt Ärger mit der Lehrkraft. Auch wenn das Beispiel vereinfacht ist, zeigt es doch, daß eine bessere Begabung bei ADS im schulischen Bereich zu einer besseren Prognose führt. Ganz abgesehen davon, daß Lehrkräfte dem gut begabten Kind gegenüber eher wohlwollend eingestellt sind und Störungen leichter akzeptieren, weil es selbst bei kurzer Konzentrationsspanne gute Beiträge liefert. Das durchschnittlich begabte ADS-Kind hat große Schwierigkeiten, eine Aufgabe zu Ende zu bringen, und wird daher schneller ermahnt, wenn es ausbricht.

Aggressives Verhalten

Je aggressiver ein ADS-Kind ist, desto mehr Probleme bekommt es mit Erwachsenen und desto eher wird es von der Gruppe der Gleichaltrigen ausgeschlossen.

Jens ist 6 Jahre alt. Er besucht die Vorschule einer großen Gesamtschule. Seine Mutter stellte einen Antrag auf Rückstellung vom Schulbesuch, weil Jens noch sehr unruhig und in seinem Sozialverhalten noch sehr kleinkindhaft war. In der Vorschule hatte er große Probleme mit seiner Lehrerin. Er beschimpfte sie oft auf das unflätigste. Ausdrücke wie »Du dicke Sau!« waren an der Tagesordnung. Darüber hinaus verweigerte er die Mitarbeit im Unterricht. Die Situation eskalierte mehr und mehr. Die Vorklassenleiterin beantragte die Überprüfung durch die Sonderschule, um den sonderpädagogischen Förderbedarf feststellen zu lassen. Außerdem schloß man den Sechsjährigen für drei Wochen vom Unterricht aus, weil er im Unterricht immer frecher wurde. Seine Mutter ist alleinerziehend und kann ihn nicht täglich mit zur Arbeit nehmen. Der Schulpsychologe schlägt den Besuch einer anderen Vorklasse vor. Inzwischen liegt das Gutachten über Jens vor. Im Intelligenzbereich erreicht er Werte von einem IQ um 130. Damit gehört er zu den eher hochbegabten Kindern. Eine schnelle Lösung wird gesucht, und schließlich bringt man ihn, da keine andere Möglichkeit gesehen wird, trotz allem in einer Sonderschule unter. Vorläufig?

Leider ist Jens kein Einzelschicksal. In der Tat zeigt er im Sozialverhalten Defizite und ist in diesem Bereich nicht altersgemäß entwickelt. Kognitiv aber leistet er im Vergleich zu anderen Kindern im 1. Schuljahr das gleiche und sogar mehr. Sein Schicksal zeigt nicht nur die Hilflosigkeit des Schulsystems, sondern auch, wie dringend notwendig es ist, Lehrkräfte so auszubilden, daß sie adäquat mit ADS-Kindern umgehen können.

Jens scheitert in der Schule, weil sein aggressives Verhalten zeigt, daß er noch nicht genügend soziale Kompetenz im Umgang mit anderen entwickelt hat. Inzwischen ist auch sein Selbstbewußtsein beeinträchtigt, so daß die Prognose für ihn schlecht ist.

Sexualisiertes Verhalten

ADS-Kinder, die dazu neigen, sexuelle Ausdrücke ständig zu gebrauchen, haben in der Schule wenig Chancen. Ihr Verhalten ist gekennzeichnet durch Distanzlosigkeit gegenüber Erwachsenen. Sie wissen offensichtlich nicht, in welchem Kontext solche Wörter nicht benutzt werden dürfen. Sie beleidigen ihre Lehrkräfte, wenn auch in unkontrollierten Situationen, so massiv, daß ihr Verhalten weder übersehen noch toleriert werden kann. Auch wenn mit einer pädagogischen Argumentation immer wieder versichert wird, daß auch Extremsituationen Verständnis erfordern, sind oft die Verletzungen so persönlich und so tief, daß die Interaktion zu dem Kind in hohem Maße gestört wird und die Lehrkraft viel Energie daran setzt, eine Trennung von dem Kind herbeizuführen. Dabei hat die Mehrzahl der Lehrkräfte Schwierigkeiten, über die persönlichen Verletzungen zu sprechen, geschweige denn sie zuzugeben, weil sie der Auffassung ist, sonst unprofessionell zu handeln.

Marcel hat nicht nur eine sehr laute Stimme, wenn er spricht. Er ruft immer wieder dazwischen, und in der Wut schreit er seine Lehrerin an, die ihn zu beruhigen versucht. Seine Wutausbrüche machen die Lehrerin total hilflos, weil sich seine Beschimpfungen in der Regel gegen sie richten. Meistens verwendet er sexuelle Begriffe (die er mit Sicherheit nicht alle kognitiv versteht), weil sie besonderes viel Wirkung erzielen. Schon im ersten Schuljahr hat er seiner Klassenlehrerin in der Wut angekündigt: »Dich fick ich auch noch!« Sie hat daraufhin sehr streng reagiert und auch sofort das Gespräch mit Marcels Mutter gesucht. Als die Mutter weinend vor ihr saß, hat sie ihr versichert, weiter mit Marcel zu arbeiten und zu versuchen, ihn zu steuern. Innerlich aber mußte sie daran denken, was wohl die anderen Eltern sagen, wenn die Klassenkameraden zu Hause von dem Vorfall berichten werden. Ihr Verhältnis zu Marcel wurde erheblich distanzierter. Sie konnte ihn nur schwer loben, und als er wieder einmal ausrastete und sie auch beschimpfte, fing sie sofort an zu schreien. Als Marcel dann in einer Pause mit

Feuer spielte, leitete sie sofort eine Ordnungsmaßnahme ein und erreicht auf der Konferenz, daß er in eine andere Klasse versetzt wurde. In ihrem Bericht über den Jungen hat sie seine verbalen Entgleisungen und Beschimpfungen nicht erwähnt. Vermutlich aber waren sie die Hauptursache, den Antrag auf Überweisung in eine andere Klasse zu stellen.

Hier wirkt es sich erschwerend aus, daß nur wenige Lehrkräfte Supervision in Anspruch nehmen, um auf psychische Verletzungen reagieren zu lernen. Zeigen Kinder extreme Verhaltensweisen, erfolgen im Schulalltag lange pädagogische Diskussionen, persönliche Verletzungen werden nicht deutlich artikuliert und bleiben bestehen. Sie führen zu einer emotionalen Ablehnung der jeweiligen Kinder, die nicht zugegeben werden kann.

Marcel wurde aufgrund seines Gesamtverhaltens schon sehr früh einem Kinder- und Jugendpsychiater vorgestellt. Hier fand auch ein gemeinsames Gespräch mit der Lehrerin statt. Im Wartezimmer hängt der folgende Ausspruch als Poster an der Wand: »Liebe mich, wenn ich es am wenigsten verdiene, denn dann brauche ich es am dringendsten.«

Die Diagnose

Ein amerikanischer Verfassungsrichter hat einmal auf die Frage, wie er Pornografie von erotischer Kunst unterscheide, gesagt, »I know it when I see it« (Ich erkenne es, wenn ich es sehe). So einfach ist es bei ADS nicht.

Es gibt keinen speziellen Test, um ADS festzustellen. Dazu kommt als zusätzliche Schwierigkeit der sogenannte »doctor's office«-Effekt hinzu, daß nämlich beispielsweise 80 Prozent aller hyperaktiven Kinder beim ersten Gespräch mit dem Kinder- und Jugendpsychiater oder einem Psychologen in ihrem Verhalten unauffällig sind, weil sie still sitzen und sich angepaßt verhalten. Die Situation schüchtert sie ein, und von daher sind sie tatsächlich völlig anders, als man es erwartet.

Beim Arztbesuch oder beim Psychologen neigen Eltern dazu, das Verhalten des Kindes eher zu dramatisieren. Sie suchen den Fachmann auf, weil sie große Schwierigkeiten im Umgang mit ihrem ADS-Kind haben. Alles hat sich »aufgeschaukelt«. Die notwendige Distanz fehlt. In der Regel wird den Eltern ein Fragebogen vorgelegt, der die schon beschriebenen Merkmale für eine Aufmerksamkeitsstörung und hyperaktives / impulsives Verhalten abfragt. Bei der Beantwortung erweisen sich die entnervten Eltern oft als nicht sehr zuverlässig, so daß die ausschließliche Bearbeitung eines Fragebogens keinesfalls alleinige Grundlage der Diagnose sein kann. Häufig aber berichten Eltern, daß ihr Kind von ihrem Haus- oder Kinderarzt bereits nach zehn Minuten als hyperaktiv »diagnostiziert« wurde.

Das Kind selbst kann über seine Probleme nicht berichten, weil es sie häufig gar nicht wahrnimmt. Es ist auch gar nicht motiviert, von seinen Schwierigkeiten zu berichten. Insgesamt kann es nur wenig detaillierte Informationen erbringen.

Neben den Elterngesprächen gehören mindestens

- die Überprüfung von ADS durch den Kriterienkatalog der Amerikanischen Gesellschaft für Psychiatrie (**DSM IV**) oder durch das internationale Klassifikationssystem für psychische Störungen der Weltgesundheitsorganisation (**ICD-10**),
- die Erhebung der Vorgeschichte (Anamnese) des Kindes, Fragebogen und klinische Interviews mit Eltern und Lehrkräften,
- eine Testuntersuchung, zur Abklärung des intellektuellen und schulischen Leistungsstandes sowie der emotionalen Befindlichkeit des Kindes,
- unter Umständen medizinische Untersuchungen (Hör-, Seh- oder neurologische Untersuchungen),
- eine ausführliche Verhaltensbeobachtung

zur Erstellung der Diagnose von ADS. Im folgenden sollen in diesem Zusammenhang auf einige ausgewählte, besonders wichtige Fragestellungen hingewiesen werden.

Vorgeschichte (Anamnese)

Üblicherweise werden also die Kriterien der Aufmerksamkeitsdefizits- / Hyperaktivitätsstörung (ADHS) anhand einer ausführlichen Anamnese, Fragebögen und klinischen Interviews mit Eltern und Lehrkräften überprüft.

So wird die Vorgeschichte des Kindes von der Geburt bis zum Untersuchungstermin erfaßt. Hierbei spielen sowohl eventuelle Komplikationen bei der Geburt als auch Krankheiten, Erziehungseinstellungen, Kindergartenbesuch etc. eine Rolle.

Als Frau B. in die Sprechstunde kam, machte sie einen niedergeschlagenen und völlig fertigen Eindruck. Im Anamnesegespräch fiel ihr auf die Frage: »Können Sie mir bitte die liebenswerteste Eigenschaft Ihres Kindes nennen?« nichts ein. Alles, was Joshua tat, konnte sie nur noch negativ sehen.

Günstig ist, wenn man die Vorgeschichte gemeinsam mit

Vater und Mutter erheben kann. Die Anamnese erfaßt Fragen zu folgenden Bereichen:

1. **Daten zum Kind und seiner Familie**
   Beispiele: Name, Adresse, Gewicht, Größe, Schule etc.

2. **Anlaß der Untersuchung,**
   positive Eigenschaften des Kindes
   Beispiele: Welche guten Seiten hat Ihr Kind? Welche Eigenschaften schätzen Sie?

3. **Erziehungsziele**
   Beispiele: Was möchten Sie durch Ihre Erziehung erreichen, wie soll Ihr Kind später einmal sein? Unterstreichen Sie bitte in der folgenden Liste die 6 Eigenschaften, die Sie mit Ihrer Erziehung anstreben.

ausdauernd	geduldig	höflich
selbstbewußt	besonnen	sauber
durchsetzungsfähig	sozial	pünktlich
gehorsam	erfolgreich	einfallsreich
flexibel	lebendig	tolerant etc.

4. **Allgemeines**
   Beispiele: Wie viele Personen leben im Haushalt? Hat Ihr Kind ein eigenes Zimmer? Etc.

5. **Allgemeine Entwicklung**
   - **Schwangerschaft, Geburt, frühkindliche Entwicklung**
     Beispiele: War die Schwangerschaft erwünscht? Was das Kind im Mutterleib sehr unruhig, trat es im Bauch? War es eine: termingerechte Geburt – Frühgeburt – Spätgeburt? Wann hat Ihr Kind zum ersten Mal gelächelt? Im 2. Monat – 3. Monat – später. Traten in der frühen Kindheit Schlafstörungen auf? Schlief es unruhig? Etc.
   - **Kleinkindalter**

Beispiele: Verhielt es sich anderen Personen gegenüber vertrauensselig? Wie reagierte es auf Anweisungen? Befolgte sie: sofort – ungern – erst nach mehreren Aufforderungen – gar nicht etc.

- **Kindergartenalter**
Beispiele: Besuchte das Kind den Kindergarten? Wenn ja, in welchem Zeitraum? Ging es gern und regelmäßig in den Kindergarten? Fiel es im Kindergarten auf, weil es unruhig war? Etc.
- **Schulzeit**
Beispiele: Macht es die Hausaufgaben alleine? Immer-meistens-selten-nie. Welche Lieblingsfächer hat das Kind? War es jemals eifersüchtig auf seine Geschwister? Etc.
- **Freizeit**
Beispiele: Spielt das Kind ausdauernd? Ist es sportlich? Gehört es einer Jugendgruppe an? Wie lange schaut es täglich fern? Etc.
- **Eltern / Erziehung**
Beispiele: Wieviel Taschengeld erhält das Kind wöchentlich? Wer erzieht das Kind vorwiegend? Etc.
- **Krankheiten**

6. **Beschreibung der Symptomatik**
Beispiele: Bitte unterstreichen Sie in der folgenden Liste, was zur Zeit auf Ihr Kind zutrifft:

zappelig	weint häufig	nervös
traut sich wenig zu	arbeitet flüchtig	zankt sich gern
frech	und ungenau	häufig gedrück-
	ermüdet leicht	ter Stimmung ...
		etc.

Intelligenztests

Auf jeden Fall sollte man einen Intelligenztest durchführen, um die kognitive Leistungsfähigkeit des Kindes zu erfassen.

Verfahren, die nicht lange in der Durchführung dauern und den IQ »gröber« schätzen, sind nicht zu empfehlen. Dies gilt auch für die sogenannten sprachfreien Verfahren. Während der Durchführung ergeben sich hier kaum Beobachtungsmöglichkeiten, weil der Zeitraum zu kurz ist. Günstiger sind sogenannte Intelligenztestbatterien (z. B. K-ABC, HAWIK-R, etc.). Sie bestehen aus mehreren Testverfahren, die unterschiedliche Bereiche erfassen, wie z. B. den Wortschatz, die Merkfähigkeit, das Allgemeinwissen, logisches Denken etc. Dabei kommt es nicht so sehr auf den erreichten Intelligenzquotienten an, sondern eher darauf, wie sich das ADS-Kind in der Testsituation verhält. Man kann in einem solchen Verfahren sehr viel genauer beobachten, welche Lösungsstrategien es verwendet, wie lange es durchhält, ob es Hilfen braucht und welche Fragestellungen es gern bearbeitet etc. So erhält man viele Informationen über die Konzentrationsfähigkeit des ADS-Kindes.

Lese- und / oder Rechtschreibschwäche erfassen

Da bei ADS-Kindern signifikant häufiger eine Lese- und / oder Rechtschreibschwäche vorhanden ist, sollte man zusätzlich einen genormten Rechtschreibtest und eine Leseprobe durchführen, um sich einen Überblick über seine Kenntnisse in den Kulturtechniken zu verschaffen.

Körperliche und neurologische Untersuchungen

Bei jüngeren Kindern erfolgen körperliche und neurologische Untersuchungen teilweise schon im Rahmen der Vorsorgeuntersuchungen beim Kinderarzt. So wird hier meistens Sehen und Hören routinemäßig überprüft. Auch über die körperliche Entwicklung liegen meist bereits Befunde vor. Die Frage, ob die Untersuchungen bei ADS-Kindern durch ein EEG ergänzt werden sollten, ist umstritten. Hyperaktivität ist im EEG nicht eindeutig erkennbar, zumindest aber können unter Umständen andere Auffälligkeiten oder Krankheiten ausgeschlossen werden.

Verhaltensbeobachtung

Die Verhaltensbeobachtung der ADS-Kinder gilt als besonders wichtig.

Was eine Aufmerksamkeitsstörung ausmacht, ist in hohem Maße von der Auffassung des Beurteilers abhängig. Es hat sehr mit seiner persönlichen »Schwelle« zu tun, wann er sie als störend empfindet.

So wurden schon vor über zwanzig Jahren Beobachtungssysteme an hyperaktiven und normalen Kindern erprobt (Abikoff et al., 1977).

Auch der amerikanischer Kinderpsychologe Russell Barkley, der sein Leben lang die Verhaltensweisen Hyperaktiver erforscht hat, schlägt in seinem Clinical Workbook (Barkley, 1990) vor, Kinder in der Schule bei Stillarbeitsphasen zu beobachten. Er möchte, daß folgende Kategorien beachtet werden:

1. Off task (eine gestellte Aufgabe nicht bearbeiten),
2. Zappeln (wiederholt, planlos) mit Beinen, Armen, Gesäß oder Rumpf,
3. Vokalisation (jegliches Schwätzen einschließlich Schnalzen, Schmatzen etc.),
4. Spiel mit Objekten außer denen, die zum Lösen der Aufgaben nötig sind,
5. Verlassen des Platzes.

In neueren Untersuchungen hat sich gezeigt, daß die ADS-Kinder mit Hyperaktivität / Impulsivität tatsächlich eine größere Spanne an Verhaltensweisen zeigen als unauffällige Kinder. Sie zeigen mehr Aktivitäten innerhalb eines Beobachtungszeitraumes, und sie wechseln häufiger die Verhaltensweisen. Sie sind im Unterricht generell unruhiger als andere. Ihre Zappeligkeit ist in der fünften und zweiten Stunde gleich, während unauffällige Kinder zur fünften Stunde hin deutlich unaufmerksamer werden. Die ADS-Kinder mit Hyperaktivität / Impulsivität dagegen scheinen fast unabhängig von der Unterrichtssituation gleichbleibend unaufmerksam und unruhig zu sein (Hengst, 1998).

Selbst wenn die Benutzung solcher Beobachtungssysteme noch als viel zu aufwendig gilt, ergibt sich doch die Frage, ob sich »Störenfriede« ausschließlich durch eine kurze Beobachtung im Alltag zuverlässig erkennen lassen oder ob nicht längere Beobachtungsphasen unbedingt notwendig sind.

Auch aus anderen Gründen sollte also unbedingt eine Beobachtung im Unterricht stattfinden, selbst wenn nicht immer problematisches Verhalten erfaßt werden kann. Die meisten unruhigen Kinder wissen, daß der Beobachter wahrscheinlich ihretwegen gekommen ist, und benehmen sich entsprechend gut. Man hat aber ausreichend Gelegenheit, die Interaktion zwischen dem Kind und der Klasse sowie dem Kind und der Lehrkraft bzw. umgekehrt zu beobachten. Manchmal ist es interessanter, sich Aufschluß darüber zu verschaffen, wie die Lehrkraft mit dem Kind umgehen kann, als zu beobachten, in welcher Form das Kind in der Klasse selbst unruhig ist. Die Unterrichtsmethodik und der Unterrichtsstil der Lehrkräfte spielen bei dem Training von hyperaktiven Kinder eine große Rolle.

Frau M. unterrichtet in einer großen Gesamtschule. Sie hat einige Jahre ausgesetzt und jetzt wieder mit dem Unterrichten begonnen. Sie ist eine Seele von Mensch. Im August hat Frau M. wieder ein neues erstes Schuljahr übernommen. Alexander gehört zu Frau M.s Klasse. Er ist ein sehr unruhiger, sehr lebendiger und wißbegieriger Junge. Er kann kaum auf dem Stuhl sitzen. Er rennt oft hin und her und kann sich auch nur sehr schwer zurücknehmen. Frau M. hat sich mit ihrem Problem an die Grundschulrektorin der Schule gewandt. Diese hat ihr empfohlen, sich von einer Sonderschullehrerin beraten zu lassen. Vielleicht denken beide jetzt schon, daß dieses Kind in eine Schule für Erziehungshilfe gehört. Die Sonderschullehrerin beobachtet, daß sich Frau M. von Alexander, so wie sie sagt, »über den Tisch ziehen läßt«. Die Beobachtung ist sicher richtig, hilft der Lehrerin aber eigentlich nicht weiter. Natürlich ist Frau M. so gutmütig, daß Alexander dies in hohem Maße ausnutzt. Andererseits aber muß Frau M. auch lernen, Alexander Strukturen zu geben, in denen er sich bewegen kann. Sie muß sich bemühen, ganz konsequent mit ihm umzugehen. Sie muß lernen, ihn zu trainieren.

In diesem Fall wird also eher eine Beratung der Lehrkraft erfolgen.

Die Mehrzahl der Lehrkräfte ist für eine entsprechende Beratung sehr aufgeschlossen. Sie ist auch bereit, sich mit neuen Methoden auseinanderzusetzen. So arbeiten beispielsweise viele Lehrkräfte ganz erfolgreich mit Belohnungssystemen im Unterricht.

Es gibt aber auch Lehrkräfte, die durch das Verhalten des Kindes schon so entnervt sind, daß sie emotional kaum noch mit dem ADS-Kind umgehen können. So lösen manche ADS-Kinder in ihrer Umtriebigkeit und Unberechenbarkeit regelrecht Angstgefühle bei Lehrkräften aus. Beides kann dann Gegenstand eines Beratungsgespräches sein, was ohne Unterrichtsbeobachtung nicht geschehen wäre.

ADS-Kinder verlangen von ihren Lehrerinnen und Lehrern sehr viel Geduld und Verständnis, und nicht jeder kann mit ihren Schwierigkeiten immer professionell umgehen.

Herr S. unterrichtet an einer kleinen Grundschule. In seinem dritten Schuljahr sitzt Daniel, ein ausgesprochen intelligenter Junge, aber durch sein Verhalten überaus anstrengend. Seine Eltern sind gegenüber der Schule sehr kritisch eingestellt und entdecken immer schnell, wo die Schwachstellen im Unterricht liegen.

Im ersten Schuljahr erkennt Herr S. nicht, daß Daniel ein hyperaktiver Junge ist. Dadurch wird er ihm nicht gerecht. Er vermittelt ihm keine Strukturen und geht nicht konsequent mit ihm um. Die Klasse ist nicht sehr groß. Sie umfaßt nur 16 Kinder. Aus diesem Grund ist es gar nicht notwendig, daß immer alles genau festgelegt ist. Daniel braucht dies aber dringend. Er benötigt einen Rahmen, in dem er sich bewegen kann. Herr S. kann ihm diesen nicht geben.

Im Laufe der nächsten beiden Jahre eskaliert alles mehr und mehr. Daniel wird immer frecher. Er beleidigt Herrn S. teilweise mit Schimpfwörtern. Jetzt lädt Herr S. die Eltern zu einem Gespräch ein. Er wendet sich sogar an die Schulaufsichtsbehörde. Der Schulpsychologe wird hinzugezogen. Die Eltern weisen ihm ziemlich genau nach, daß er selbst auch nicht ganz unschuldig an Daniels Verhalten ist. Sie haben recht. Herr S. ist ein guter Lehrer; er versucht sich zu ändern und fängt auch an, seinen Unterricht anders zu gestalten. Dies zeigt Erfolge. Daniel akzeptiert die Veränderungen. Man könnte jetzt zufrieden sein, aber Herr S. findet neue Einwände. Er sagt:»Daniel beschimpft mich jetzt zwar nicht mehr, aber er bringt nie seine Haushefte mit.« Im Fußball würde man sagen:»Er karrt nach«.

———

Die Beobachtung des ADS-Kindes ermöglicht, auch das Umfeld mit einzubeziehen, um dann geeignete Maßnahmen treffen zu können.

Was Eltern und Lehrer tun können

In der praktischen Arbeit mit ADS-Kindern hat sich gezeigt, daß bestimmte Vorgehensweisen und Methoden sich besonders bewährt haben, ihr Verhalten zu verbessern und sie selbst stärker in die Gemeinschaft anderer Kinder zu integrieren, ohne auf Medikamente zurückgreifen zu müssen.

Betroffene Eltern sind stets auf der Suche nach hilfreichen Therapien. Dabei stellen sie fest, daß es häufig vor Ort wenig Möglichkeiten gibt, die den Bedürfnissen von ADS-Kindern gerecht werden.

Einige durchlaufen auf der Suche nach Hilfe regelrecht eine »Therapiespirale«. Sie stellen das ADS-Kind den unterschiedlichsten Fachleuten vor: Kinderärzten, Kinderpsychologen, Fachärzten für Kinder- und Jugendpsychiatrie, Ergotherapeuten, Schulpsychologen, Familientherapeuten, Heilpraktikern, Motologen etc. Alle beraten, geben Empfehlungen, einige beginnen mit einer Therapie, so lange, bis schließlich das Kind nicht mehr will.

So waren fast alle in der Ergotherapie. Etwa vierzig Prozent der ADS-Kinder mit Hyperaktivität / Impulsivität zeigen tatsächlich in der Fein- und Graphomotorik Auffälligkeiten. Sie haben Probleme damit, den Stift richtig zu halten, leserlich zu schreiben, und sind selbst der Auffassung, daß sie nicht zeichnen können. Für sie stellt dieser Therapieansatz eine große Hilfe dar. Auch motologisches Turnen erweist sich hier als sinnvoll.

Die Mehrzahl hat keinerlei motorische Probleme, ist außerordentlich sportlich, zäh und schnell. Da die Kinder für die Ergotherapie nicht in Frage kommen, nehmen sie oft an einer Kinderspieltherapie, die klassische und analytisch ausgerichtete Behandlungsform der Kinderpsychologen, teil. Hier gibt es wenige Regeln und kaum Begrenzungen des Verhaltens, weil die Therapie eher für ängstliche Kinder konzipiert ist. Die Hyperaktiven unterlaufen in der Regel schon nach kurzer Zeit die Bemühungen der Therapeuten. So ist jeder Spieltherapieraum mit einem bestimmten Mobiliar ausgestattet. Unter anderem gibt es einen Schrank, der geschlossen ist, aber von den Kindern geöffnet werden darf. In ihm befindet sich eine kleine Belohnung, in der Regel ein Stück Schokolade, ein Glas mit einem Erfrischungsgetränk, das in Wasser aufgelöst werden kann. Ein ängstliches Kind öffnet diesen Schrank im Schnitt in der sechzehnten Therapiestunde, weil es sich vorher noch nicht traut. Die Hyperaktiven benötigen hierzu sechzehn Sekunden, weil der Schrank nämlich das einzige geschlossene Möbelstück ist. Sie verschlingen die Schokolade in Windeseile und lösen das Erfrischungsgetränk im Glas komplett auf, obwohl sie überhaupt keinen Durst haben. Da es nur wenige Regeln gibt, toben sie zum Schrecken der Therapeuten in Kürze durch den Raum.

Sichtet man die Fachliteratur, dann fällt auf, daß es für ADS-Kinder mit Hyperaktivität / Impulsivität nur wenige geeignete Trainingsprogramme gibt, die ihren Bedürfnissen gerecht werden. Es hat den Anschein, daß viele Psychologen auch nicht so gern mit diesen Kindern arbeiten.

Alle verhaltenstherapeutischen Ansätze haben sich als günstig erwiesen, weil sie klare Regeln vorgeben, Grenzen setzen und kleinschrittig belohnen, so daß ADS-Kinder erwünschtes Verhalten leicht aufbauen können.

Alle ADS-Kinder mit Hyperaktivität / Impulsivität machen kaum Probleme, wenn man sich allein mit ihnen beschäftigt. Sie blühen in großen Gruppen auf – z. B. in der Schulklasse. In der Einzeltherapie fallen sie nicht vom Stuhl, müssen sich nicht melden und sind nur wenigen Ablenkungen ausgesetzt.

Von daher sollten die ADS-Kinder in großen Gruppen unter verhaltenstherapeutischen Gesichtspunkten therapiert werden. Da es für Eltern kaum möglich ist, solche Gruppen zu finden, weil es nur wenige gibt, richten sich alle Erwartungen auf die Schule. Hier gibt es große Gruppen und auch genügend Lehrkräfte, die bereit sind, nach Methoden aus der Verhaltenstherapie zu arbeiten. Die hier vorgeschlagenen Methoden haben sich alle in der Schulklasse bewährt und lassen sich problemlos durch Lehrkräfte umsetzen. Dabei geht man nicht von der »großen« Therapie aus, sondern realisiert und trainiert die »kleinen« Schritte – möglichst unter Mitarbeit der Eltern. Allerdings ist zu bedenken, daß nicht alle Eltern solche Ansätze unterstützen können, weil ihre familiäre Situation aus unterschiedlichsten Gründen dies nicht zuläßt. Auch die eher negativen Erfahrungen mit Elterntrainings bestätigen dies. Ein Trost ist, daß die ADS-Kinder sehr wohl unterscheiden können, wo Regeln, Begrenzungen und Abmachungen gelten und wo sie zur Disposition stehen.

Entspannung

Zur Situation

Entspannungsverfahren sind heute fester Bestandteil in der therapeutischen Arbeit nahezu aller Kinderpsychologen. Sie werden zunehmend auch in Schulklassen eingesetzt, weil sie unruhigen, aber auch ängstlichen Kindern die Möglichkeit geben, für sich zur Ruhe zu kommen.

Wenn Erwachsene sich an ihre Kindheit zurückerinnern, neigen sie dazu, diese zu verklären und in der Rückblende oft als eine sorgenfreie und problemlose Zeit zu interpretieren.

In Wirklichkeit aber stehen Kinder schon sehr früh unter starken Belastungen. So beginnt bei vielen der Leistungsdruck bereits im Kindergarten. Kinder wissen schon sehr früh, daß von ihnen schulische Leistungen erwartet werden, weil sie eine bestimmte Schul- oder eine besondere Berufsausbildung durchlaufen sollen.

So müssen viele in ihrem Alltag mit unterschiedlichstem Streß fertig werden: Scheidungen, Berufstätigkeit beider Eltern (Schlüsselkinder), Probleme Alleinerziehender, Arbeitslosigkeit usw.

Die Medien vermitteln ihnen zusätzlich ständig eine Umwelt, die von Gewalt, Brutalität und Gefahren geprägt ist.

So ist es nicht verwunderlich, wenn Kinder – und natürlich auch ADS-Kinder – auf Streß mit körperlichen Symptomen reagieren: Schlaflosigkeit, Kopfschmerzen, Bettnässen, nervöse Magenbeschwerden, Durchfall, Kurzatmigkeit, Herzrasen etc. Aber auch im emotionalen Bereich werden Streßsymptome in Form von überhöhter Ängstlichkeit, unkontrollierten Wutausbrüchen, hoher Nervosität und starker Unkonzentriertheit etc. erkennbar.

Immer wieder betonen Eltern, daß sie gern etwas zur Bewältigung der Alltagsprobleme ihres Kindes beitragen möchten.

Auch Eltern können für ADS-Kinder von Entspannungsübungen profitieren, weil eine Anzahl dieser Kinder an Einschlafstörungen leidet und auch tagsüber unter Umständen eine Ruhephase benötigt.

Die meisten Ansätze und Übungen, die in der einschlägigen Literatur vorgeschlagen werden, entstanden aus therapeutischen Interventionen mit wenigen Kindern, manchmal sogar aus der Fortbildungsarbeit mit Erwachsenen. Sie sind also nur bedingt auf die Situation in der Schulklasse übertragbar und führen dort zu disziplinarischen Problemen.

Unterschiedliche Entspannungsverfahren lassen sich als Methode zu Hause und auch im Unterricht einsetzen, um gerade sehr unruhigen Kindern die Möglichkeit zu geben, sich immer wieder neu auf eine phantasievolle, kreative und beruhigende Weise zu konzentrieren und zu steuern.

Regelmäßiger Einsatz von Entspannungsübungen kann bei Kindern schnell

- zu einer besseren Konzentrationsfähigkeit,
- zu einer Erholung,
- zu einer Beeinflussung verschiedener psychosomatischer Beschwerden (wie z. B. nervöse Bauchschmerzen, Kopfschmerzen, Schweißausbrüche etc.)
- und von Verhaltensauffälligkeiten (aggressives und unruhiges Verhalten) führen.

Im Gegensatz zur Situation im Elternhaus und in der Therapie ist die Situation in Schule eine völlig andere. Eine Lehrkraft unterrichtet im Grundschulbereich eine Gruppe von mindestens 15–25 Kindern täglich bis zu fünf Stunden. Die Auswahl der Entspannungsverfahren hat unterschiedlichen Altersgruppen Rechnung zu tragen. Die räumlichen Möglichkeiten sind begrenzt. Die Entspannung kann in der Regel nicht im Liegen durchgeführt werden. Bei der Anwendung der Verfahren ist außerdem zu berücksichtigen, daß Lehrkräfte – aber auch Eltern – keine ausgebildeten Therapeuten sind.

Alles, was in einer größeren Gruppe funktioniert, kann natürlich auch zu Hause praktiziert werden.

Physiologische und psychologische Hintergründe

Ziel der Entspannungsverfahren ist es, die körperliche Umschaltung von Leistung – aber auch von Streß und Unruhe – auf Erholung zu bewirken. Diese Umschaltung erfolgt in dem Teil unseres Nervensystems, der für die Selbstregelung unserer inneren Organe zuständig ist. So gibt es in unserem (autonomen oder vegetativen) Nervensystem zwei voneinander unterschiedliche Erregungsmuster:
- die *sympathische* Erregung, die im Körper *Leistungsreaktionen* hervorruft, und
- die *parasympathische* Erregung, die eine *Entspannungsreaktion* auslöst.

Beide Aktivitätsmuster bewirken Veränderungen, die in der Funktionsweise unserer Organe unmittelbar erlebt werden können. So wird in der Entspannung die Atmung ruhiger, der Herzschlag langsamer, die Haut ist gut durchblutet und fühlt sich angenehm warm an, die Verdauungstätigkeit wird aktiviert etc.

Progressive Muskelentspannung und Autogenes Training

Für den Einsatz in der Schule eignen sich zwei Entspannungsmethoden:
Die **Progressive Muskelentspannung** nach Jacobson und das **Autogene Training** nach Schultz.
Bei der Progressiven Muskelentspannung wird durch Anspannen und Entspannen von Muskeln der Zustand der Entspannung erlebt. Man spürt ihn deutlich, wenn sich die jeweils angespannten Muskeln lockern. Dabei werden etwa sechzehn Muskelgruppen hintereinander mehrmals angespannt und nach ca. drei Sekunden gelockert.
In der Schule wird diese Methode vor allem gern im Rahmen des Turnunterrichtes eingesetzt. Sonst aber wird sie im Unterricht von den Schülern eher als langweilig empfunden.

Beim Autogenen Training gelangt man über die mentale Vorstellung, daß der Körper schwer, warm und ruhig ist, in den Entspannungszustand. Kinder und Jugendliche bevorzugen im schulischen Bereich diese Methode, weil die Übungen abwechslungsreicher gestaltet werden können und in besonderer Weise die Phantasie anregen.

Alle im folgenden vorgestellten Ansätze orientieren sich an der Grundstufe des Autogenen Trainings. Dies reicht für den Einsatz im schulischen Bereich absolut aus.

Entspannung zu Hause

Die Entspannungsübungen sollten zu Hause zu einem Zeitpunkt durchgeführt werden, an dem das Kind schon etwas müde ist: Nach dem Mittagessen, am späten Nachmittag oder abends.

Die beste Zeit ist für viele Kinder vor dem Zubettgehen. Das Kind sollte sich schon im Bett befinden. Alle Zubettgeh-Rituale werden vor der Entspannung beendet.

Daheim wird die Entspannung bequem liegend durchgeführt. Als Entspannungshaltung wird die Rückenlage mit leicht gespreizten Beinen und locker neben dem Körper liegenden Armen empfohlen. Die Augen werden geschlossen. Man sollte hieraus jedoch kein Dogma machen, wenn das Kind das Schließen der Augen nicht leisten kann.

Einleitend erklärt man, daß gleich eine Phantasiegeschichte mit Musik vorgespielt oder erzählt wird, um zu erlernen, ruhiger zu werden. Es kann hinzugefügt werden, daß es viele bekannte Sportler gibt, die regelmäßig Entspannungsübungen machen, weil es ihnen danach besser geht und sie sich auf diese Weise gut konzentrieren können.

Jüngeren Kindern macht man dies z. B. so deutlich:

»Stell dir vor, du hättest einen Goldschatz gefunden. Er liegt in der Erde vergraben, und nur du weißt, wo er sich genau befindet. Du beginnst also, ihn aus der Erde herauszubuddeln. Du kannst ein bißchen Erde wegscharren und ein paar Goldkörner von dem Schatz abkratzen. Dann hast du ein wenig von dem Gold in der Hand. Du kannst aber auch den ganzen Goldschatz heben. Das ist viel mühsamer, aber natürlich auch lohnender. Du mußt dann nämlich viel tiefer und auch viel länger graben, bis du den Schatz endlich gehoben hast. Genauso ist es mit dem Training der Entspannung. Trainierst du häufig, wirst du schon bald ruhiger und gelassener werden. Du wirst zur Ruhe kommen. Trainierst du nicht so häufig, kommst du eben auch nur ein wenig zur Ruhe. Das ist immerhin besser als gar nichts.«

Entspannung über das Hören von erzählten Geschichten ist für Kinder eine besonders angenehme Methode. Wenn Eltern nun feststellen, daß ihr Kind besonders gut hierauf anspricht, finden sie weiterführende Anregungen in der Literaturliste. Sie können natürlich auch selbst lernen, wie man Entspannungsgeschichten entwirft und welche Struktur sie haben sollten.

Nach dem Hören der Entspannungsgeschichte geht das Kind entweder wieder zur Tagesordnung über, oder es ist eingeschlafen. Wird die Entspannungsgeschichte vor dem Einschlafen einsetzt, ist die Rücknahme der Entspannung nicht erforderlich.

Keinesfalls darf man Kinder dazu zwingen, eine Entspannungsübung zu machen. Kinder sollen selbst entscheiden, ob sie trainieren wollen, ruhiger zu werden. Sie können in der Regel sehr genau einschätzen, ob dies für sie wichtig ist.

Günstig ist es, den Kindern zusätzlich kleine Entspannungstechniken beizubringen, die nur wenige Sekunden dauern und im Alltag problemlos genutzt werden können, um Streß sofort zu mindern (z. B. vor Klassenarbeiten).

In wenigen Sekunden entspannt
Übung 1: Du setzt dich ruhig hin und stellst dir vor, daß du dir selbst innerlich zulächelst – vor allem mit den Augen. Dann atmest du tief ein, hältst die Luft an, und beim Ausatmen versuchst du die Muskeln vom Gesicht her über die Schultern, den Oberkörper zu den Beinen hin zu lockern.

Übung 2: Du setzt dich ruhig hin und atmest zunächst fünfmal tief ein und aus.

Dann atmest du tief ein, zählst innerlich bis drei und hältst so lang die Luft an und atmest wieder aus. Jetzt beginnst du von neuem und atmest wieder tief ein, zählst innerlich bis drei, hältst dabei die Luft an und atmest tief aus.

Dies wiederholst du 3×.

Abschließend ist nun noch wichtig, daß Kinder regelmäßig üben, sich zu entspannen. Um Bereitschaft und Motivation zu erhöhen, kann es günstig sein, sie zu belohnen.

Entspannung in der Schule

Vor der Entspannung: Dynamik

In der Praxis zeigt sich, daß es in der Schulklasse sinnlos ist, Entspannungsübungen ohne Anbindung an dynamische Übungen durchzuführen. Sie eignen sich ausgezeichnet dazu, Spannung und Unruhe bei Kindern in spielerischer Form abzubauen.

Jeder weiß, daß Kinder, wenn sie aus der Pause kommen, nicht ausgeglichen sind. Sie stehen oft unter starker Spannung. Sie haben sich beschimpft, gestritten, geschlagen, bespuckt, getreten usw. Aufgabe der dynamischen Übungen ist es nun vor allem, einen solchen Spannungszustand abzubauen.

Auch nach 20–30 Minuten Unterricht haben Kinder in der Regel Spannung aufgebaut. Sie haben sich in einem Themenbereich angestrengt und fühlen sich jetzt angespannt.

Dynamische Übungen dauern in der Regel nie länger als wenige Minuten. Sie können am Platz durchgeführt werden. Jede dynamische Übung sollte folgende Anforderungen erfüllen:

■ Sie enthält grobmotorische Elemente. Die Kinder bewegen sich – mindestens mit Armen und Beinen.

- Sie führt zu einer Verbesserung der Atmung und zu starker Sauerstoffzufuhr.
- Sie motiviert und macht Spaß.

Beispiele für dynamische Übungen für die Klassen 1–6. Die folgende Übung gehört zu den beliebtesten in dieser Altersstufe.

Schattenboxen

Die Kinder dürfen nicht zu eng nebeneinander sitzen oder stehen. Sie brauchen bei dieser Übung etwas Platz.

Die Kinder stellen sich vor, daß sie mit jemandem boxen (Schattenboxen) – erst nur mit den geballten Fäusten und Armen, dann aber auch mit den Füßen (im Sitzen). Die »Boxbewegungen« werden gemeinsam möglichst rhythmisch vollzogen. Bei jedem Boxen rufen alle laut aus dem Zwerchfell heraus »Aaah«. Das Tempo der Boxbewegungen steigert sich allmählich. Auch das Treten mit den Füßen erfolgt kraftvoll. Die gesamte Übung dauert 2–3 Minuten.

Sterne pflücken
»Stell dir vor, du pflückst einige Sterne vom Himmel. Du greifst erst mit der rechten Hand nach einem Stern, pflückst ihn und greifst jetzt mit der linken Hand nach einem anderen Stern und nimmst ihn dir. Dabei streckst du die Arme aus, denn dort – ganz oben – ist noch ein kleiner besonders schöner Stern, den du auch gern pflücken möchtest. Du reckst dich ganz nach oben, bis du ihn erreichst. Ob du den Stern daneben auch noch ergreifen kannst?«
Das Pflücken der Sterne erfolgt abwechselnd mit der linken und der rechten Hand. Die Sterne werden zügig »gepflückt«, und die Arme werden lang ausgestreckt. Dabei atmen alle Kinder automatisch tief ein und aus. Natürlich kann man auch Äpfel, Birnen, Kirschen etc. pflücken.

Durchführungsbedingungen

Störungsfreie Umgebung

Eine störungsfreie Umgebung ist in der Schule nicht zu gewährleisten. Es ist immer damit zu rechnen, daß eine Entspannungsübung durch den Gong, durch Anklopfen oder andere Störungen unterbrochen wird. Man kann davon ausgehen, daß es in der Schule nie völlig leise ist. Daher sollte man die Anforderung absoluter Störungsfreiheit auch gar nicht erst stellen. In der Praxis hat es sich bewährt, Störgeräusche in die Entspannungsübung zu integrieren. Man tut dies, indem man sie beispielsweise folgendermaßen anspricht: »Draußen hören wir noch vorbeifahrende Autos. Aber die Geräusche der Autos führen nur dazu, daß wir noch ruhiger und gelassener und entspannter werden...«

Sitzordnung

Günstig ist es, wenn die Kinder im Kreis sitzen. Es ist jedoch keine Bedingung. Entspannungsübungen können auch durchgeführt werden, wenn die Kinder in Tischgruppen sitzen.

Sitzhaltung

Aufgrund praktischer Erfahrungen wird die »Droschkenkutscherhaltung« von Prof. Schultz, dem Erfinder des Autogenen Trainings, für die Anforderungen in der Schule modifiziert: Die Kinder sitzen auf dem Stuhl, die Beine sollten unbedingt auf dem Boden stehen («geerdet sein«). Die Hände werden locker auf die Oberschenkel gelegt. Jeder rutscht mit dem Gesäß auf dem Stuhl zurück, so daß die unteren Rückenwirbel gut gegen die Lehne gedrückt werden können. Der Kopf kann gerade gehalten werden. Bei manchen Kindern fällt er automatisch während der Entspannungsübung nach vorne.

Geschlossene Augen

Die Augen sollten auf jeden Fall geschlossen werden. Das Schließen der Augen ist ein Vertrauensbeweis. Es gelingt nicht allen Kindern sofort. Manche, die anfangs die Augen überhaupt nicht schließen können, sollten einen Gegenstand vor sich fixieren. ADS-Kinder haben mit dem Schließen der Augen anfangs große Probleme. Grundsätzlich gilt bei Entspannungsübungen die Regel, daß man sich nicht gegenseitig beobachtet, da einige Kinder sich schnell und tief entspannen. Dabei rutscht der Kiefer etwas nach unten, der Mund ist leicht geöffnet, und die Gesichtszüge wirken sehr entspannt. Das sieht gelegentlich auch lustig aus, so daß andere Kinder abgelenkt sein könnten. Bei geschlossenen Augen ist dies nicht der Fall.

Feedback

Am Schluß jeder Entspannungsübung sollte ein Feedback stattfinden, das heißt, jedes Kind sollte die Gelegenheit haben, auf die Frage »Wie war es für dich?« eine kurze Antwort zu geben. Die Frage »Was hast du gesehen?« ermuntert zusätzlich jedes Kind noch einmal, die gesamte Entspannungsgeschichte zu erzählen.

Beim Feedback sieht die Lehrkraft das Kind mit Empathie an, nimmt also Blickkontakt mit dem jeweils Sprechenden auf und bedankt sich für jede Äußerung mit einem freundlichen »Danke«. Das Feedback der Kinder wird durch die Lehrkraft nicht kommentiert.

Der Einsatz von Musik

Bei vielen Entspannungsübungen ist es günstig, geeignete Musik für den Hintergrund zu wählen. Entspannungsmusik hat in der Regel 60 Taktschläge pro Minute. Dies entspricht einem verlangsamten Herzrhythmus.

Schon allein das Hören der Musik führt zu einer Beruhigung. Es hilft, nicht zu schnell zu sprechen, um die Entspannungsübung korrekt durchzuführen.

Strukturierte Entspannungsübungen

Für die Durchführung in der Schulklasse wird eine strukturierte Entspannungsübung von ca. 10 Minuten Dauer empfohlen, die im folgenden genauer beschrieben wird.

Aufbau einer strukturierten Entspannungsübung

Jede dieser Entspannungsübungen hat eine bestimmte Struktur.
Wichtig ist dabei, die Struktur streng zu beachten, sich aber Entspannungsgeschichten für den Mittelteil selbst auszudenken, weil die eigenen Geschichten viel eher einen Bezug zur Klasse haben.
Einstiegs- und Ausstiegsritual bleiben in der Wortwahl immer gleich. Hier wird nichts verändert. Das Einstiegsritual enthält eine Ruhetönung und führt zur Beruhigung.

Das Einstiegsritual

Der Text für das Einstiegsritual wird zu Beginn einer jeden Entspannung gleichbleibend dargeboten. Bei Kindern sind die sogenannten Reisen mit einem Zauberteppich sehr beliebt.
Im Einstiegsritual wird von eins bis zehn gezählt und im Ausstiegsritual von zehn bis eins, um die Entspannung zu vertiefen bzw. zu beenden.
Es ist auch möglich, nur die Instruktionen zu sprechen, ohne dabei zu zählen. Allerdings hat sich in der Praxis gezeigt, daß Kinder das Zählen bevorzugen, weil sie dann wissen, an welcher Stelle der Entspannung sie sind, während Erwachsene es oft nicht mögen, wenn gezählt wird.
Der ungekürzte Text für das Einstiegsritual beinhaltet vor allem eine Beruhigung des Atems, das Schließen der Augen und eine Ruhetönung. Es wird die folgende Textfassung vorgeschlagen:

Stell dir vor, du unternimmst auf deinem Zauberteppich eine Traumreise. Du setzt dich ganz ruhig hin und atmest tief ein und aus. Nichts stört dich mehr. Du machst es dir ganz bequem. Du vergißt alles, was um dich herum geschieht. Du schließt die Augen und entspannst dich.

Ich zähle jetzt gleich von eins bis zehn, und dabei kannst du dich immer gelöster und entspannter fühlen. Immer sicherer und immer ruhiger. Du schließt die Augen und beginnst, dich zu entspannen.

Eins:	Du kannst dich jetzt entspannen.
Zwei:	Du vergißt alles, was um dich herum geschieht.
Drei:	Du atmest tief ein und aus.
Vier:	Du fühlst dich ganz sicher und ruhig.
Fünf:	Du bist immer gelöster und entspannter.
Sechs:	Du merkst: Meine Arme sind ganz ruhig.
Sieben:	Auch bei deinen Beinen stellst du fest: Meine Beine sind ganz ruhig.
Acht:	Du kannst jetzt einfach abschalten.
Neun:	Nichts stört dich mehr.
Zehn:	Du bist jetzt bereit für die Traumreise auf deinem Zauberteppich.

Der Mittelteil: die eigentliche Entspannungsgeschichte

Jetzt folgt die eigentliche Entspannungsgeschichte in Form einer Phantasiereise.

In die Phantasiereise sollte ein kleiner Spannungsbogen eingebettet sein – d. h. die Geschichte sollte eine deutlich erkennbare Handlung haben.

Aus der Grundstufe des autogenen Trainings werden die Schwere- oder Wärmeinstruktionen in die Geschichte eingebaut. Die Schwereinstruktion betrifft die Arme oder Beine.

Schwereinstruktion für die Arme:

Mein rechter Arm ist ganz schwer. Mein rechter Arm ist ganz schwer.

Auch bei deinem linken Arm stellst du fest: Mein linker Arm ist ganz schwer. Mein linker Arm ist ganz schwer. Meine beiden Arme sind ganz schwer.

Entsprechend lautet die Wärmeinstruktion:
Mein rechter Arm ist ganz warm, mein rechter Arm ist ganz warm.
Auch bei deinem linken Arm stellst du fest: Mein linker Arm ist ganz warm, mein linker Arm ist ganz warm. Meine beiden Arme sind ganz warm.

Beispiel
Die folgende Geschichte ist eine Reise mit dem Zauberteppich und enthält die oben beschriebenen Strukturen, die sich in der Praxis in besonderer Weise bewährt haben. Sie ist natürlich jederzeit verkürzbar.

Die Flaschenpost
Stell dir vor, du unternimmst auf deinem Zauberteppich eine Traumreise. Du setzt dich ganz ruhig hin und atmest tief ein und aus. Nichts stört dich mehr. Du machst es dir ganz bequem. Du vergißt alles, was um dich herum geschieht. Du schließt die Augen und entspannst dich.
Ich zähle jetzt gleich von eins bis zehn, und dabei kannst du dich immer gelöster und entspannter fühlen. Immer sicherer und immer ruhiger. Du schließt die Augen und beginnst, dich zu entspannen.

Eins: Du kannst dich jetzt entspannen.
Zwei: Du vergißt alles, was um dich herum geschieht.
Drei: Du atmest tief ein und aus.
Vier: Du fühlst dich ganz sicher und ruhig.
Fünf: Du bist immer gelöster und entspannter.
Sechs: Du merkst: Meine Arme sind ganz ruhig.
Sieben: Auch bei deinen Beinen stellst du fest: Meine Beine sind ganz ruhig.
Acht: Du kannst jetzt einfach abschalten.

103

Neun: Nichts stört dich mehr.
Zehn: Du bist jetzt bereit für die Traumreise auf deinem Zauberteppich.

Du bist schon ganz gespannt, wohin der Zauberteppich dich heute bringt. Zuerst fliegt er noch einen weiten Bogen über der Schule und verschwindet dann in den Wolken. Zuerst kannst du gar nichts erkennen. Nach und nach werden es immer weniger Wolken, und du fliegst durch einen strahlend blauen Himmel.
Die Sonne scheint warm auf dich herab, und während du so fliegst, ist dein Körper auf eine angenehme Art schwer und entspannt.

Du merkst es zuerst an deinen Armen. Du merkst:
Mein rechter Arm ist ganz schwer.
Mein rechter Arm ist ganz schwer.
Und auch bei deinem linken Arm stellst du fest:
Mein linker Arm ist ganz schwer.
Mein linker Arm ist ganz schwer.
Meine beiden Arme sind ganz schwer.

Langsam kannst du unter dir das Blau des Meeres erkennen. Vor dir liegt eine Insel mit einem weißen Sandstrand und vielen großen Palmen. Du landest unter der größten Palme und gehst durch den warmen Sand. Du hast die Schuhe und die Strümpfe ausgezogen und spürst den warmen Sand unter deinen Füßen. Du läufst zum Wasser. Es weht ein leichter Wind, und du kannst das Salzwasser auf deinen Lippen schmecken. Kleine Wellen brechen sich an deinen Füßen. Das Wasser ist ebenfalls angenehm warm.
Da siehst du plötzlich vor dir eine alte grüne Flasche. Neugierig hebst du sie auf. Aber was ist das? In der Flasche liegt eine Botschaft! Du öffnest den Korken und ziehst vorsichtig den Zettel durch den engen Flaschenhals.
Auf dem Zettel steht: »Hilfe, ich bin die Prinzessin Fatima und werde auf einem alten Schiffswrack gefangengehalten.«
Du beschließt, das Wrack zu suchen, um die Prinzessin zu ret-

ten. Du wanderst zum Südende der Insel. Nach einiger Zeit wird die Küste steiniger, und bald befindest du dich am Rande einer Steilklippe, die fast senkrecht ins tosende Meer abfällt. Von hier oben hast du einen guten Überblick. Zunächst entdeckst du nichts Ungewöhnliches, aber als du näher an den Klippenrand trittst, kannst du eine versteckte Lagune erkennen, die von steilen Felsen umrandet wird. Inmitten des Wassers liegt das halb gesunkene Wrack eines alten Segelschiffes. Die Segel sind verschlissen, und das Holz ist vermodert. Nur der hintere Teil des Rumpfes ragt noch weit genug aus dem Wasser, weil der Bug von einem Riff aufgerissen wurde. Du weißt sofort, hier wird die arme Prinzessin gefangengehalten. Doch wie kannst du zu dem Wrack hinuntergelangen? Die Felswände sind steil und glatt, und es ist unmöglich hinunterzuklettern.

So beschließt du, zunächst einmal zurückzufliegen. Bei deiner nächsten Reise mit dem Zauberteppich wirst du mit einer Rettungsausrüstung zurückkehren.

Du gehst am Ufer entlang zurück zu deinem Zauberteppich, fühlst den Wind und riechst die Seeluft. Du fliegst zurück ins Hier und Jetzt. Dabei denkst du: Ich bin ganz ruhig, und meine Arme und Beine sind ganz schwer und ganz warm. Es ist schön, so durch die Luft zu schweben.

Und wenn ich jetzt gleich von 10 bis 1 zähle, ist das für dich ein Angebot, daß du allmählich ins Hier und Jetzt zurückkehren kannst. Wenn du wach geworden bist, fühlst du dich ruhig, zuversichtlich, ausgeglichen, stark, selbstbewußt und zufrieden.

Zehn: Du kannst jetzt zurückkehren ins Hier und Jetzt.
Neun: Du fühlst dich gelassen, ruhig und zufrieden.
Acht: Du wirst allmählich wieder wach.
Sieben: Du genießt deine Ruhe, Schwere und Wärme.
Sechs: Erstaunlich, wie ruhig du dich fühlen kannst.
Fünf: Es ist schön zu wissen, daß du entspannt sein kannst.
Vier: Es macht Spaß, seine Phantasie zu entfalten.
Drei: Du kannst jetzt deine Hände bewegen. Du streckst die Arme nach oben.

105

Zwei: Du atmest tief ein und aus.

Eins: Du öffnest die Augen und bist zurückgekehrt ins Hier und Jetzt.

(Krowatschek, 1998)

Die Fortsetzungsgeschichten kann sich jeder selbst ausdenken – es sind dann seine eigenen Geschichten. Die Struktur der Entspannungsübung sollte aber unbedingt bestehen bleiben.

Bei vielen Phantasiereisen der Entspannungsliteratur fehlen die entsprechenden Ruhe-, Wärme- und Schwereinstruktionen. Aus diesem Grund ist es nicht weiter erstaunlich, wenn bei einer ganzen Reihe von Kindern gar keine Entspannungseffekte eintreten.

Das Ausstiegsritual (Rücknahme)

Auch die Rücknahme sollte vom Text her gleich bleiben. Sie kann etwas verkürzt werden. Unverzichtbar sind aber die Anweisungen von drei bis eins. Hier kann es unter Umständen notwendig sein, die Anweisung, die Arme zu strecken, tief ein- und auszuatmen und die Augen zu öffnen, mehrmals zu wiederholen, weil manche Kinder oft tief in der Entspannung sind und nicht sofort auf die Rücknahme hören.

Der ungekürzte Text für die Rücknahme beinhaltet neben der allmählichen Ausblendung der Entspannungsgeschichte vor allem auch die körperliche Rücknahme (3–1).

Und wenn ich jetzt gleich von 10 bis 1 zähle, ist das für dich ein Angebot, daß du allmählich ins Hier und Jetzt zurückkehren kannst. Wenn du wach geworden bist, fühlst du dich ruhig, zuversichtlich, ausgeglichen, stark, selbstbewußt und zufrieden.

Zehn: Du kannst jetzt zurückkehren ins Hier und Jetzt.

Neun: Du fühlst dich gelassen, ruhig und zufrieden.

Acht: Du wirst allmählich wieder wach.

Sieben: Du genießt deine Ruhe, Schwere und Wärme.

Sechs:	Erstaunlich, wie ruhig du dich fühlen kannst.
Fünf:	Es ist schön zu wissen, daß du entspannt sein kannst.
Vier:	Es macht Spaß, seine Phantasie zu entfalten.
Drei:	Du kannst jetzt deine Hände bewegen. Du ballst sie jetzt zur Faust.
Zwei:	Du streckst die Arme nach oben. Du atmest tief ein und aus.
Eins:	Du öffnest die Augen und bist wieder im Hier und Jetzt.

Entspannung für Jugendliche

Manche vertreten die Auffassung, daß sich Entspannungs-verfahren für Jugendliche von denen für Kinder grundsätz-lich unterscheiden. Dies ist nicht der Fall.

Die Methode bleibt im Prinzip die gleiche. Dennoch gibt es Unterschiede: Pubertierende Jugendliche durchleben eine Entwicklungsperiode, die im Kontrast zur Kindheit steht. Biologische und psychische Veränderungen erzeugen Ängste und Verunsicherungen. In dieser Phase verändern sich Kör-pergefühl, Körpervorstellung, Selbstkonzept, Bewertung von Gefühlen und Freundschaften. Gleichaltrige lösen Gruppen-druck, Eltern und Schule oft Leistungsdruck aus. Alle Übun-gen sollten inhaltlich dieser Altersstufe Rechnung tragen. So sollten bei der strukturierten Entspannung eher Geschichten gewählt werden, die Fragen aufwerfen oder eine Diskussion auslösen, auch wenn die Instruktionen aus dem Autogenen Training in gleicher Weise wie bei Kindern sachlogisch inte-griert werden.

Das Paket

(In dieser Entspannungsübung kann man nachdenken, wor-über man sich Sorgen macht und wie man sie vielleicht ein wenig verringern kann.)

Du machst es dir jetzt ganz bequem. Du atmest ruhig ein und aus. Allmählich vergißt du alles, was um dich herum geschieht. Nichts stört dich mehr. Du kannst jetzt deine Augen schließen und beginnst dich zu entspannen.

Und wenn ich jetzt gleich von eins bis zehn zähle, kann dies für dich ein Angebot sein, damit du dich immer gelöster, ruhiger und entspannter fühlen kannst. Stell dir vor, du trennst dich von allen deinen Sorgen.

Du hast deine Augen geschlossen und beginnst dich zu entspannen.

Eins: Du kannst dich jetzt entspannen.

Zwei: Du vergißt alles, was um dich herum geschieht.

Drei: Du atmest ruhig und gleichmäßig ein und aus.

Vier: Du merkst: Meine Arme sind schon ganz ruhig.

Fünf: Auch bei deinen Beinen stellst du fest:
Meine Beine sind schon ganz ruhig.

Sechs: Du fühlst dich immer gelöster und entspannter.

Sieben: Du genießt die Ruhe und die Entspannung.

Acht: Du kannst jetzt einfach abschalten.

Neun: Entspannung heißt loslassen und geschehen lassen.

Zehn: Du bist jetzt bereit, dich mit einigen deiner Sorgen auseinanderzusetzen.

Stell dir vor, du sitzt in deinem Zimmer und denkst nach. Kommst dir die Schule in den Sinn? Wie läuft es zu Hause? Was ist mit den Freundinnen und Freunden? Machst du dir vielleicht über anderes Sorgen?

So manches, was dir Sorgen macht, geht dir durch den Kopf. Du beschließt ein Paket mit allen deinen Sorgen zu packen. Vielleicht ist es gar nicht so groß – vielleicht aber kannst du es kaum heben.

Du legst jetzt einen Karton auf den Tisch und packst alle deine Sorgen einzeln ein. Du stellst sie dir noch einmal vor, damit du auch keine vergißt. Manche wickelst du besonders gut ein. Auch das Papier scheint in seiner Farbe zu den Sorgen zu passen. Es hat seinen Grund.

Nun ist der Karton fast voll. Du machst ihn mit Klebeband zu, nimmst einen großen Bogen Packpapier und verschnürst das Paket mit einer Schnur.

Du hebst es hoch. Jetzt hat es doch ein ordentliches Gewicht. Du merkst es zuerst an deinen Armen.

Du merkst:

Mein rechter Arm ist ganz schwer.

Mein rechter Arm ist ganz schwer.

Und auch bei deinem linken Arm stellst du fest:

Mein linker Arm ist ganz schwer.

Mein linker Arm ist ganz schwer.

Beide Arme sind ganz schwer.

Du legst das Paket auf den Tisch. Wie von Geisterhand schwebt es plötzlich über der Tischplatte – erst ein wenig, aber dann immer deutlicher. Langsam bewegt es sich auf das geöffnete Fenster zu, scheint auf der Fensterbank fast noch einen Moment innezuhalten und fliegt dann aus deinem Zimmer heraus über das Dach des Nachbarhauses, über alle anderen Häuser, und nähert sich dem Horizont. Es wird immer kleiner und kleiner, bis es mit allen deinen Sorgen hinter dem Horizont verschwindet.

Gleichzeitig aber taucht am Horizont ein ganz anderes Paket auf. Auch das Packpapier hat eine völlig andere Farbe. Erst kannst du es kaum erkennen, dann aber kommt es näher und näher und schwebt sich zum Fenster herein. Vorsichtig setzt es auf der Tischplatte auf. Du bist jetzt neugierig geworden und öffnest es. Es enthält unterschiedlich große Kästchen mit Dingen, die in deinem Leben bisher fehlten. Du öffnest ein Kästchen nach dem anderen – der Reihe nach. Du schaust dir alle Dinge genau an und behältst sie gut in deinem Gedächtnis.

Manche Kästchen erfreuen dich ganz besonders. Vor Begeisterung wird dir ganz warm.

Du merkst es zuerst bei deinen Armen.

Du merkst:

Mein rechter Arm ist ganz warm.

Mein rechter Arm ist ganz warm.

Auch bei deinem linken Arm stellst du fest:

Mein linker Arm ist ganz warm.

Mein linker Arm ist ganz warm.

Beide Arme sind ganz warm.

Und auch bei deinen Beinen stellst du fest:
Meine beiden Beide sind wohltuend warm.
Auch meine beiden Beine sind wohltuend warm.

Und während du noch einen letzten Blick auf all die schönen Dinge wirfst, beginne ich damit, langsam von zehn bis eins zu zählen. Dies ist für dich ein Angebot, langsam aus deinen Träumen zurückzukehren. Du stellst dir noch einmal alles vor, und wenn du wach geworden bist, fühlst du dich ganz ruhig, zuversichtlich, gelassen, stark, selbstbewußt und zufrieden.

Zehn: Du kehrst jetzt allmählich zurück ins Hier und Jetzt.

Neun: Du fühlst dich gelassen, ruhig und zufrieden.

Acht: Nichts stört dich mehr.

Sieben: Du atmest ruhig und gleichmäßig ein und aus.

Sechs: Erstaunlich, wie gut du dich entspannen kannst.

Fünf: Es macht Spaß, seine Phantasie zu entfalten.

Vier: Du fühlst dich angenehm schwer und wohltuend warm.

Drei: Du kehrst jetzt zurück ins Hier und Jetzt und ballst beide Hände zur Faust.

Zwei: Du streckst die Arme nach oben, räkelst dich und atmest tief ein und aus.

Eins: Du öffnest jetzt langsam die Augen.

Bewährte Methoden

Damit es in der Schule klappt

Oft haben Eltern und Lehrkräfte gar nicht die Chance, einen geeigneten Therapieplatz für ein ADS-Kind zu finden. Nach einer Odyssee durch Beratungsinstanzen sind sie schließlich wieder auf sich selbst angewiesen. Berücksichtigt man, daß die ADS-Kinder an fünf Tagen der Woche insgesamt 25–35 Stunden in die Schule gehen, lohnt es sich durchaus, sich in diesem Bereich die bewährten Methoden genauer anzusehen.

Natürlich lassen sich unter Umständen nicht alle Schwierigkeiten lösen, aber oft ist es für Lehrkräfte hilfreich, wenn sie auf ein Methodeninventar zurückgreifen können, das besonders für unruhige und schwer steuerbare Kinder geeignet ist. Die folgenden Methoden und Vorschläge haben sich in der Praxis für den Einsatz in der Schule bei ADS-Kindern besonders bewährt.

Die richtige Lehrkraft

Grundsätzlich gehören ADS-Kinder in die Regelschule. Viele sind sogar so begabt, daß sie von ihrer Leistungsfähigkeit her eine weiterführende Schule besuchen können.

Nur weil ADS-Kinder unbequemer und anstrengender sein können, sind sie keineswegs in die Sonderschule zu schicken, im Gegenteil.

Das Verhältnis zur jeweiligen Lehrkraft spielt eine große Rolle. Eltern sollten den Kontakt regelmäßig suchen und sich wöchentlich darüber informieren lassen, wie sich das Kind in der Schule entwickelt.

Nicht alle Lehrkräfte können mit hyperaktiven Kindern

umgehen. Wenn die Eltern feststellen, daß die Lehrkraft sehr starke Probleme hat, und wenn sie vermuten, das Kind wird nicht mehr angemessen trainiert, darf man keinesfalls vor dem Schritt zurückscheuen, die Klasse – am günstigsten natürlich in Absprache – zu wechseln. Dies gilt in übertragener Form auch für den Besuch der Schule.

Es ist ganz entscheidend, welche Lehrkraft das Kind als Klassenlehrer hat und wie die Lehrkraft auf dieses Kind reagiert. Davon hängt es ab, ob ihm genügend Verständnis und Geduld entgegengebracht wird. Manche haben mit ADS-Kindern überhaupt keine Schwierigkeiten und empfinden sie als Bereicherung in ihrem Unterricht. In der Praxis trifft man immer wieder auf Lehrkräfte, die mit unruhigeren Kindern sehr gut umgehen können, die ihnen Strukturen geben und sie wegen ihrer Impulsivität und ihres Ideenreichtums als Bereicherung für den Unterricht – sozusagen als »das Salz in der Suppe« – empfinden. Wenn sie über die Stränge schlagen, werden sie entsprechend strukturiert. Diese Lehrkräfte werden von den Kolleginnen und Kollegen beneidet, weil sie intuitiv richtig mit diesen Kindern umgehen. Ihre Verhaltensweisen lassen sich kaum kopieren und nur schwer analysieren.

Viele Lehrer leiden unter ADS-Kindern, andere reagieren mißmutig. Das Kind eckt ständig an, die Lehrkraft wird immer wieder, bewußt oder unbewußt, nachweisen, warum das Kind für diese Klasse, für diese Schule etc. nicht geeignet ist. Bei ihnen wird das Kind keine Erfolge erlangen.

Manche Lehrer sind im Umgang mit den lebhaften Kindern zu nachgiebig. Sie erlauben alles und übersehen zu viel. Sehr strenge und in ihrer Struktur eher rigide Lehrkräfte dagegen rufen bei den Hyperaktiven viel Widerstand hervor.

Macht man sich klar, daß sich Lehrkräfte im Sinne der Gauss-schen Normalverteilung verteilen, weiß man, daß es einige wenige gibt, die von vornherein ganz hervorragend mit hyperaktiven Kindern agieren können, daneben gibt es auch nur wenige, die überhaupt nicht mit ihnen können, im großen Mittelfeld trifft man jedoch auf ganz viele, die im großen und ganzen mit ihnen klarkommen. Von ihnen werden die

Hyperaktiven gut unterrichtet. Der Durchschnitt muß sich selbst ein bestimmtes Inventar an Methoden aneignen, um so einen klar strukturierten mit übersichtlichen Regeln versehenen Unterricht zu halten. Wichtig ist Verständnis, Menschlichkeit und Empathie, eine liebevolle Behandlung des Kindes, die aber doch sehr konsequent bleibt.

Der Sitzplatz

Eine ganz zentrale Frage lautet: Wo soll das ADS-Kind sitzen? In amerikanischen Studien wird häufig propagiert, daß sehr unruhige Kinder am meisten vom Frontalunterricht profitieren und günstigerweise in Bänken, zu zweit, hintereinander sitzen, so daß die Lehrkraft jederzeit durch die Reihen gehen kann. Es ist eine Sitzordnung, wie sie vor Jahrzehnten praktiziert wurde. Selbst wenn sie einer Gruppe von Kindern entgegenkommt, so ist sie doch aus pädagogischen Gründen für die anderen Kindern überhaupt nicht geeignet. Von daher wird man in der täglichen Unterrichtspraxis Kompromisse machen müssen.

Die Mehrzahl der Hyperaktiven und Impulsiven sitzt am günstigsten allein an einem Tisch. Es handelt sich hierbei um keine Bestrafung. Viele Kinder berichten, daß sie am Einzeltisch weniger Schwierigkeiten haben, ihre Sachen zu ordnen, Aufgaben zu bearbeiten und selbst im Unterricht mitzumachen. Manchmal haben sie das Bedürfnis, auch an einem Gruppentisch zu sitzen. Sie erhalten dann für eine oder mehrere Stunden die Möglichkeit dazu, und zwar immer so lange, wie sie es schaffen, nicht zu stören.

Die Klasse 5 des Gymnasiums in B. sitzt in einem zur Tafel hin offenen Hufeisen. Hierdurch können sich die Kinder, wenn sie über ein Thema sprechen, gegenseitig sehen und in ihren Antworten aufeinander eingehen. René sitzt im vorderen Teil der Klasse an einem Einzeltisch mitten in diesem Hufeisen. Er ist das unruhigste Kind in der Klasse. Mitten in der Klasse zu sitzen macht ihm nicht das geringste aus. In dieser Sitzposition ist er gut konzentriert, und vieles rundherum lenkt ihn nicht mehr ab, weil er sich so auf die Lehrkraft und die Tafel konzentrieren kann. Manchmal allerdings möchte er auch gern neben einem anderen Kind sitzen. Dann rückt er an das Ende des Us und arbeitet mit seinem Freund Markus zusammen. Anfangs haben die Lehrkräfte diskutiert, ob er nicht stigmatisiert würde, wenn er mitten in der Klasse sitzt. Der Junge selbst fand die Sitzposition gar nicht merkwürdig, hat sie sofort akzeptiert und fühlt sich wohl auf seinem Sitzplatz.

Günstige Unterrichtsstrukturen für ADS-Kinder

In der Unterrichtsorganisation haben ADS-Kinder vor allem in zwei Bereichen Schwierigkeiten:

1. Wie schon erwähnt, können sie nur schwer mit Tages- und Wochenplänen arbeiten. Manche Aufgabenstellungen werden gemeinsam im Unterricht besprochen, andere sind als Anweisung an der Tafel zu lesen. Sie haben Schwierigkeiten damit, mehrere Arbeitsaufträge selbständig hintereinander zu bearbeiten. Von daher ist es immer günstig, wenn man die gestellten Aufgaben für diese Kinder in kleinen Schritten organisiert und noch genauer präzisiert. Das bedeutet, daß die Anweisungen zum Tagesplan noch einmal in detaillierte Anweisungen umgesetzt werden. Das gleiche ist übertragbar für die Wochenplanarbeit.

2. Aufgrund der häufigen graphomotorischen Probleme der ADS-Kinder ist dem Schriftbild besondere Aufmerksamkeit zu widmen. Viele ADS-Kinder scheitern an der vereinfachten Ausgangsschrift. Sie meistern Druckschrift und Schreibschrift oft noch ganz zufriedenstellend, können aber Regeln, die für die vereinfachte Ausgangsschrift gelten, kaum noch zusätzlich einhalten, weil sich dies als sehr schwierig für ADS-Kinder erweist. Hat das Kind im Schreiblehrgang mit Druckschrift begonnen, läßt man es solange drucken, wie es möchte. Fängt es an, die Buchstaben zu verbinden, erzwingt man am besten keinen be-

sonderen Typ von Schrift, sondern achtet eher darauf, daß sauber und leserlich geschrieben wird, und erwartet kein Regelsystem bei der Verbindung von Buchstaben.

Ignorieren mit positivem Modell

Günstiger als jegliche Ermahnung gilt das Ignorieren von Verhaltensweisen. Jede Lehrkraft weiß, daß dies im Alltag des Unterrichts nicht funktioniert. Es ist eine Forderung, die einer »Laissez-faire-Pädagogik« entspricht. Nur wenige Kinder reagieren auf das Ignorieren so, daß sie eine Verhaltensweise völlig unterlassen. Dabei zeigt vor allem das alleinige Ignorieren wenig Effekte. Grundsätzlich wollen Kinder wissen, wie sie sich nun eigentlich verhalten sollen.

Im Umgang ADS-Kindern hat sich das Ignorieren unter Benennung eines positiven Modells außerordentlich bewährt. Es ermöglicht, eine Verhaltensweise zu verändern, ohne sich ermahnt zu fühlen.

Im Unterricht spielt sich häufig folgende Situation ab: Die Lehrkraft möchte etwas erklären. Alle Kinder sollen ihre Materialien beiseite legen, nach vorn sehen und zuhören. Klaus hat noch einen Füller in der Hand. Die Lehrerin sagt: »Klaus, leg den Füller weg.« Klaus antwortet: »Es ist aber nicht meiner.« Die Lehrkraft: »Das ist egal.« Er: »Er gehört Hans.« Lehrkraft: »Dann gib ihn zurück.« Er: »Ich habe ihn aber gerade geliehen.« Lehrkraft: »Du stört jetzt den Unterricht, leg den Füller weg.« Er: »Hans braucht ihn aber zum Schreiben.« Sie: »Gut, dann gib ihn zurück.« Er: »Ich muß aber noch eine Patrone einsetzen.« Lehrkraft: »Mach jetzt, was du willst, aber paß auf.« Er: »Ich habe aber keine Tintenpatrone.« usw. Dieser Dialog kann sich über Minuten hinziehen und führt dazu, daß die Lehrerin am Schluß völlig entnervt ist und die Anweisungen, die sie eigentlich ruhig und freundlich geben wollte, kaum gelassen über die Lippen bringt.

Das Ignorieren mit positivem Modell bedeutet nun, daß sie folgende Aufforderung an die Klasse gibt: »Zwanzig Kinder können schon den Füller vor sich hinlegen.« In der Tat haben zwanzig Kinder schon ihren Füller vor sich liegen, nur das 21. Kind, nämlich Klaus, nicht. Jetzt legt auch Klaus den Füller vor sich hin. Er interpretiert dies als eine Fähigkeit und denkt vielleicht: »Natürlich kann ich den Füller auch hinlegen.« Damit hat die Lehrkraft erreicht, was beabsichtigt war. Ohne weitere Kommentare abzugeben oder gar zu schimpfen, kann sie mit dem Unterricht fortfahren.

In gleicher Weise kann sie agieren, wenn sie in die Klasse kommt. Sie kann sagen: »Vier Tischgruppen können mir schon gut zuhören.« Jetzt hört auch die fünfte Tischgruppe, die bis eben noch geschwätzt hat, zu.

Das Ignorieren mit Benennung des positiven Modells klappt im Unterricht besser, als Lehrkräfte vermuten, auch wenn es keine hundertprozentig sichere Methode ist. Aber bei welcher Methode ist dies der Fall? Die Kinder selbst sind stark daran interessiert, daß die Lehrkraft möglichst ausgeglichen, freundlich, vielleicht auch humorvoll den Unterricht gestaltet. Sie wollen gar nicht, daß sie entnervt, wütend und gereizt reagiert. Von daher kommt ihnen das Ignorieren mit positivem Modell sehr entgegen, doch sie durchschauen es in der Regel sehr schnell. Manchmal sagen sie, fast tröstend, zu der Lehrkraft: »Vier Tischgruppen hören dir schon gut zu!« – und das ist dann oft richtig, weil noch eine Tischgruppe schwätzt.

Das Ignorieren mit positiven Modell ist eine Methode, um in Ruhe und Gelassenheit mit ADS-Kindern umzugehen und Distanz zu behalten. Sie führt dazu, daß man sie besser trainieren kann, weil man die Auseinandersetzung mit ihnen vermeidet.

Eine Schallplatte mit Kratzer

Manchmal gibt es Kinder, die große Schwierigkeiten haben, ein »Nein« oder eine Anweisung, der sie nicht nachkommen möchten, zu akzeptieren. Oft haben sie gelernt, so lange sich zu verweigern oder zu widersprechen, bis der Erwachsene nachgibt. Ärgerlich werden oder Ignorieren führt zu keinerlei Erfolg. Hier hilft eine Methode, die in Amerika »The Broken Record Technique« genannt wird.

Nils läuft während des Unterrichts immer gern zur Toilette. Wenn er einer Aufgabenstellung nachkommen soll, die ihn etwas anstrengt oder langweilt, geht er besonders gern. Heute soll er einen Text abschreiben und alle Nomina unterstreichen. Es ist zehn Minuten vor der großen Pause. Er ist schon fast fertig und hat bisher die Toilette bereits zweimal aufgesucht. Jetzt drängelt er schon wieder. Die Lehrerin erklärt ihm einmal, daß er schon zweimal gegangen ist und daß die große Pause in zehn Minuten beginnt: »Es ist unmöglich, daß du so dringend auf die Toilette gehen mußt. Außerdem schellt es in zehn Minuten zur Pause. Bis dahin erwarte ich von dir, daß du den Text fertig abschreibst und bearbeitest. Du bist sowieso schon fast fertig.« Nils läßt nicht locker. »Warum kann ich denn nicht gehen, wenn ich so dringend . . .« Seine Lehrerin antwortet jetzt: »Alles in der Pause. Bis dahin bitte den Text zu Ende bearbeiten.« Nils gibt noch nicht auf. »Warum darf man hier eigentlich nicht zur Toilette?« Die Lehrerin wiederholt: »Alles in der Pause. Bis dahin bitte den Text zu Ende bearbeiten.« Nils startet einen neuen Versuch: »Das ist völlig ungerecht. Andere dürfen immer raus, nur ich nicht.« Wieder lautet die Antwort: »Alles in der Pause. Bis dahin bitte den Text zu Ende bearbeiten.« Gleichgültig, welche Argumente Nils noch findet, die Antwort heißt: »Alles in der Pause. Bis dahin bitte den Text zu Ende bearbeiten.« Einige wenige Kinder werden wütend oder beschweren sich. Wer sich nicht irritieren läßt, wird als Ergebnis feststellen, daß sich die große Mehrheit schließlich fügt und der Aufgabenstellung nachkommt. Sie haben erfahren, daß ihre Lehrerin konsequent sein kann. Ganz abgesehen davon sind sie mit sich selbst zufrieden, wenn sie einen Arbeitsauftrag erfolgreich beenden und dafür gelobt werden.

Das Time-out

Das »Time-out« stellt eine Entlastung für Lehrkräfte und auch für Eltern dar. Es bedeutet, daß man sich für eine bestimmte Zeit von dem unruhigen Kind trennt. Man schickt es aus dem Raum, umgeht dadurch das ständige Ermahnen und sammelt genügend Kraft, wieder authentisch zu loben.

In der Schule hat sich das »Time-out« in folgenden Schritten bewährt: Es werden drei Ermahnungen ausgesprochen: »Eins«, »Zwei« – »Time out« oder »gelbe Karte«, »rote Karte«, »Drei« – »Time-out« Bei »3« verläßt das Kind die Klasse, beruhigt sich und kommt dann wieder herein. Erhält das Kind die »4«, muß es während der ganzen Stunde draußen bleiben.

Diese Form des »Time-outs« hat sich in der Praxis außerordentlich bewährt, auch wenn immer die Frage der Aufsichtspflicht diskutiert wird. Lehrkräfte, die das »Time-out« so praktizieren, berichten, daß ihnen noch nie ein Kind weggelaufen ist und daß die Kinder in der Regel neben der Tür warten.

Andere machen sich große Sorgen, was das Kind alles vor der Tür anstellen könnte. Ganz unrecht haben sie nicht, denn es könnte tatsächlich vieles anstellen, und es könnte auch das Schulgelände verlassen.

Eine Lehrerin berichtet, daß sie dieses Problem folgendermaßen löst: Sie läßt das Kind vor der Tür warten, dabei muß das Kind die Türklinke halb herunterdrücken, so daß sie von innen sieht, daß es noch vor der Tür steht. Das Herunterdrücken der Türklinke stellt eine gute sportliche Leistung dar. Es ist aber nicht praktikabel, wenn das Kind sehr wütend, ungehalten und ungeduldig ist.

Die bewährteste Lösung ist, das Kind in die Nachbarklasse zu schicken. Dort bereitet man einen Tisch vor, an dem das Kind sitzt und Arbeitsblätter, die man vorher schon hingelegt hat, bearbeitet. Diese Form des »Time-outs« funktioniert sehr gut, weil viele Kinder es nicht mögen, wenn sie sich in einer anderen Klasse aufhalten müssen, die Lehrkraft nicht viel Notiz von ihnen nimmt und die anderen Kinder immer herüberschauen und beobachten, was sie machen. Ungünstiger ist es jedoch, sie ins Sekretariat oder zur Schulleitung zu schicken. Im Sekretariat herrscht immer Betrieb. Es ist viel los, und die Zeit geht schnell vorbei. Auch die Schulleitung hat sich für ein »Time-out« als ungeeignet erwiesen. Die Rektorin oder der Rektor verwickeln das Kind häufig in ein sogenanntes »pädagogisches« Gespräch. Sie wollen mit dem Kind das Fehlverhalten bearbeiten, sein Einsichtsvermögen stärken und ihm ins Gewissen reden, damit es sich danach besser in der Klasse der Kollegin benimmt. Dabei zeigen sie sich verständnisvoll, geduldig, freundlich, hören dem Kind auch zu und geben ihm schließlich einige Ermahnungen mit auf den Weg. Das Kind hat das »Time-out« gut überbrückt. Es stellt fest, daß die Rektorin oder der Rektor nett ist, viel Verständnis zeigt und sich als ein guter Gesprächspartner erweist.

Lehrkräfte haben beim »Time-out« oft Probleme, weil manche Kinder die Klasse nicht verlassen wollen. Das bedeutet, die Lehrkraft zählt: »Eins, zwei, gibt schließlich die drei« und sagt zu dem Kind: »Du weißt, daß du jetzt rausgehen mußt.« Die Antwort des Kindes lautet: »Nein, ich gehe nicht.« Eine solche Verweigerung geschieht besonders häufig bei den Jüngeren (1.–2. Schuljahr). Hier ist sie an der Tagesordnung. Jede Lehrkraft überlegt nun, wie sie sich verhalten soll. Läßt sie das Kind jetzt in der Klasse, erübrigt sich ein weiteres Arbeiten mit dem »Time-out«. Sie muß das Kind mit etwas Nachdruck aus der Klasse herausbefördern. Sie kann es von vorn an den Armen fassen und energisch vor die Tür setzen. Bei manchen Kindern ist die Hilfe der Kollegin aus der Nachbarklasse notwendig. Dabei wird sich das Kind drehen, treten, spucken und wahrscheinlich die beiden Lehrkräfte unflätig beschimpfen. Der einzige Trost ist, daß Untersuchungen aus der Praxis gezeigt haben, daß man ein solches »Time-out« höchstens viermal in dieser Form praktizieren muß, weil es das Kind dann akzeptiert. Die Frage, warum Kinder den Raum nicht verlassen, ist leicht zu beantworten. Sie haben schon sehr früh bei ihrer Lehrerin gelernt, daß bei ihr »Drei« nicht gleich »Drei« ist. Manchmal denkt sie: »Gleich werde ich erklären, wie die Hausaufgaben zu machen sind. Dann ist das Kind gerade vor der Tür. Es bekommt wieder einmal nicht alles mit, und ich muß ihm die Aufgabenstellung gesondert erklären.« Also ist sie etwas milder und gibt nicht die »Drei« sondern die »2,5«. Das Kind lernt sofort, daß sie nicht konsequent genug ist. Oder sie denkt: »In wenigen Minuten werde ich etwas vorlesen. Geschichten hört das Kind gern. Nie stört es beim Vorlesen. Also bin ich jetzt nicht so streng, damit es die kurze Zeit noch übersteht.«

Das »Time-out« gilt als Methode ausschließlich für die sehr unruhigen und impulsiven Kinder. Für sie bedeutet es eine Hilfe. Bei der »Drei« drängt man sie nicht, schnell wieder in den Klassenraum zu kommen. Sie benötigen Zeit, um sich zu beruhigen und wieder mitmachen zu können.

Das »Time-out« hat seinen Sinn vor allem darin, daß sich Lehrkräfte nicht so schnell aufregen oder durch die vielen Ermahnungen so ermüden und mit den unruhigen und den anderen Kindern nicht mehr umgehen können. Bei drei Ermahnungen ist keine Lehrkraft überfordert, ungehalten oder nervös. Bei dreißig Unterbrechungen sieht dies allerdings anders aus. Die anderen Kinder sind eher daran interessiert, eine ausgeglichene und ihnen zugewandte Lehrerin zu haben.

Günstig ist es, das »Time-out« mit dem betroffenen Kind und auch seinen Eltern abzusprechen und allen vorher genau zu erklären, wie es praktiziert wird.

Die Methode des »Time-out« gilt keinesfalls für die gesamte Klasse, vor allem aber nicht für zurückhaltende und ängstliche Kinder. Ihr gelegentliches Stören behindert den Unterricht nur ganz geringfügig.

Wer das »Time-out« in der Klasse praktiziert, sollte berücksichtigen, daß neben diesem Strafreiz natürlich auch viel Lob ausgesprochen werden muß. Die Psychotherapeutin Virginia Satir hat folgende Regel aufgestellt, die in diesem Zusammenhang eine große Hilfe sein kann: »Wenn man einmal schimpft (also das ›Time-out‹ ausgesprochen hat), muß man viermal authentisch loben.« Viele Lehrkräfte wenden das »Time-out« konsequent an, vergessen aber das Loben. Die eigentliche Veränderung des Verhaltens wird nicht durch das »Time-out« erreicht, sondern durch aufbauendes Lob.

Mit Verstärkerplänen arbeiten

Ein Verstärkerplan ist eine bewährte Methode der Kinder-therapie, die das Kind motiviert und ihm hilft, ein erwünsch-tes Verhalten einzuüben. Diese Technik läßt sich sehr gut in der Schule anwenden.

Wie ein Verstärkerplan funktioniert

■ Man formuliert gemeinsam mit dem Kind, welche Ver-haltensweise – es sollte immer nur an einer einzigen gear-beitet werden –, verändert werden soll und was von ihm erwartet wird. Dabei berücksichtigt man durchaus auch Ideen, die das Kind selbst hat. Eine solche Vereinbarung kann lauten:
Ich melde mich, wenn ich etwas sagen möchte.
Ich kann ruhig auf meinem Stuhl sitzen.
Ich bin freundlich zu meinen Mitschülern.
Ich lasse andere Kinder beim Fußball mitspielen.
Ich nehme nur die Sachen, die mir gehören.
Ich gestehe anderen zu, einen Fehler zu machen oder eine falsche Antwort zu geben.
Ich lasse andere Kinder ausreden.
Ich nenne die Kinder bei ihrem Vornamen.
■ Es ist es wichtig, eine positive Formulierung zu wählen. Meistens wissen die Kinder sehr genau, was sie nicht tun sollen, aber nicht, was statt dessen von ihnen erwartet wird.
■ Das Kind schreibt den Satz auf den Verstärkerplan.
■ Man klärt, ob das Kind bereit ist, dieses Verhalten in den nächsten Tagen zu trainieren.
■ Gemeinsam legt man fest, für wie lange das Kind jeweils trainiert, um einen Punkt zu erhalten. So kann es sein, daß es einen Punkt für die Dauer einer Pause erhält, für eine Stunde oder aber für einen ganzen Tag. Wenn ihm das Verhalten schwerfällt, wird eine Schulstunde zu lang sein, dann wählt man Zeitintervalle wie zehn Minuten, 15 Minuten etc.
■ Hält sich das Kind an die Vereinbarungen und zeigt das

gewünschte Verhalten, bekommt es die entsprechenden Punkte. Hat es z. B. in der ersten Stunde seine Mitschüler ausreden lassen, ohne ihre Antworten durch spöttische Bemerkungen zu unterbrechen, erhält es einen Punkt, den es sich auf den Verstärkerplan malt oder klebt. Die Punkte sammelt es und tauscht es dann gegen besondere Belohnungen oder kleine materielle Preise ein. Diese Belohnung ist dem Kind vorher bekannt. Zum Beispiel darf es für fünf Punkte ein Spiel spielen, das es gerne mag, oder es bekommt ein kleines Geschenk. Sinnvoll ist auch, ein Spiel mit der ganzen Klasse zu spielen.

■ Jetzt wird mit dem Kind vereinbart, nach welchem System es die Punkte umtauschen kann. So kann man nach zehn Punkten einen »kleinen« Preis, nach 20 Punkten einen »mittleren« und nach 30 Punkten einen »großen« Preis gewähren oder auch ein anderes Punktesystem entwerfen. Was unter »klein«, »mittel« und »groß« zu verstehen ist, wird noch darzustellen sein. Man kann sich z. B. eine goldene Kiste mit Belohnungen zulegen, aus der das Kind mit seinen Punkten etwas einkauft, sobald es genug Punkte gesammelt hat. Die Belohnung bekommt das Kind, wenn es sich an die Vereinbarung hält. Dies versichert die Lehrkraft mit ihrer Unterschrift auf dem Vertrag.

Punkte, die das Kind einmal erhalten hat, werden ihm keinesfalls weggenommen.

In einer Grundschule haben die Lehrer der Klasse vier und drei beschlossen, jeweils nach der Pause mit den Kindern einzuüben, sich ordentlich auf dem Hof aufzustellen und »gesittet« in die Klasse zu gehen. Kinder, denen dies während der beiden großen Pausen gelingt, erhalten ein Sternchen. Alle Kinder, die am Wochenende fünf Sterne erreichen, erhalten eine kleine Belohnung oder Hausaufgabenfrei etc. Rempelt oder drängelt ein Kind, wird ihm eines seiner Sternchen gestrichen. So konnte es vorkommen, daß ein Kind am Mittwoch zwei Sternchen hatte, aber durch sein unruhiges Verhalten in den beiden großen Pausen zwei Sternchen wieder verlor, weil es andere schubste. Es mußte dann neu anfangen.

VERSTÄRKERPLAN

Name: _____   Vorname: _____

_____

_____

_____

_____   _____
            Unterschrift   Unterschrift

Abbildung 7: *Verstärkerplan 1*

In diesem System verlieren vor allem die unruhigen und impulsiven Kinder immer wieder Punkte. Es führt dazu, daß sie natürlich kein Interesse mehr am Sammeln von Punkten haben, da es ihnen passieren kann, daß die mühsam erworbenen Punkte plötzlich wieder verloren sind. Aus diesem Grund gilt die Regel, daß beim Training von Verhaltensweisen das positive Verhalten so aufgebaut wird, daß dem Kind die Punkte, die es einmal erreicht hat, auf jeden Fall erhalten bleiben.

Die Belohnung

Für die Zusammenstellung der Preise ist es günstig, sich eine kleine Kiste anzulegen, in der man Preise unterschiedlichster Art sammelt: Das können Sticker, Flummibälle, Leckmaschinen, kleine Wasserpistolen – möglichst keine Bücher – etc. sein. Es sind fast nie die großen und pädagogischen Preise, die hohen Anreiz auf Kinder ausüben. Es sind die kleinen Dinge, die ein Kinderherz begehrt.

In der Schule wird eine solche Methode immer wieder in Frage gestellt. Ist sie pädagogisch vertretbar und auch gerecht? Was werden wohl die anderen Kinder dazu sagen, wenn gerade der Unruhigste in Klasse auch noch mit einem Preis belohnt wird? Dahinter steckt die Überlegung, daß man selbst eigentlich nicht akzeptieren kann, daß ein »ungezogenes« Kind dafür belohnt wird, nur weil es ein Verhalten verändert, was es eigentlich ohne besondere Verstärkung praktizieren müßte. Defizite im Verhalten werden in der Schule oft nur schwer als Störungen, die verändert werden müssen, akzeptiert. Wäre das Kind sehbehindert oder hätte es sich ein Bein gebrochen, würden Lehrkräfte keinerlei Probleme im Umgang ihm haben.

Natürlich leiden die anderen Kinder in der Regel unter dem ungezügelten Verhalten eines ADS-Kindes. Sie kommen oft nicht so gut damit zurecht. Vor allem aber registrieren sie, daß ihre Lehrkraft aufgrund des Verhaltens des ADS-Kindes oft selbst ungeduldig, ungehalten oder schlecht gelaunt ist. Das möchten sie eigentlich nicht. Von daher macht es ihnen

124

keine Probleme, wenn ein solches Kind trainiert wird. Zusätzlich ist es natürlich sinnvoll, die Klasse in das Training der Kinder einzubeziehen. Man kann sie am Erfolg des Kindes beteiligen, indem man sagt: »Wenn Klaus 10 Punkte oder 20 Punkte etc. erreicht hat, mache ich eine Spielstunde für alle Kinder.« Es ist auch möglich, Gutscheine für Hausaufgabenfrei zu verteilen, die eingesetzt werden, wenn man sie benötigt. Lehrkräfte berichten, daß nur wenige Kinder sie einsetzen. Die Mehrzahl der Kinder hortet und sammelt die Gutscheine für »schlechte« Zeiten, in denen man sie tatsächlich einmal benötigen könnte. So besitzen sie am Ende des Schuljahres so viele Scheine, daß keinesfalls mehr alle eingelöst werden können.

Verstärkerpläne bei jüngeren Kindern

Jüngere schätzen ihr eigenes Verhalten häufig falsch ein. Beispielsweise übt man mit einem Kind »Ich sitze in der Stunde ruhig auf meinem Stuhl.« Gemeint ist, daß es nicht ständig vom Stuhl fällt. Fragt man das Kind am Schluß der Stunde, wie das heute geklappt hat, antwortet es in der Regel »Gut« – gleichgültig, ob es ruhig auf dem Stuhl saß oder mehrmals heruntergefallen ist. Es kann sein Verhalten nicht mit Sicherheit beurteilen. Daher hat es sich als günstig erwiesen, mit Jüngeren zunächst die Einschätzungen von Verhaltensweisen einzuüben und das Kind für sein Verhalten zu sensibilisieren. Dies ist oft notwendig bei Kindern bis zum Alter von acht Jahren. Zu diesem Zweck legt man Karten aus Karton in der Größe von Postkarten an und fertigt zwei Sätze mit den Zahlen von 1 bis 5 an. Dabei bedeutet:

1 (eins)	= nicht sehr gut
2 (zwei)	= im großen und ganzen okay
3 (drei)	= gut
4 (vier)	= sehr gut
5 (fünf)	= ausgezeichnet / ganz prima!

Ganz bewußt sind die Ziffern so gewählt, daß sie nicht mit den Noten übereinstimmen. Das System wird dem Kind erklärt. Es wird mehrfach befragt, ob es verstanden hat, was die 5 bedeutet, was die 3 bedeutet etc. Dann erhält das Kind einen Satz Karten mit den Zahlen 1 bis 5. Die Lehrkraft erhält den gleichen Satz. Nach der Stunde befragt man das Kind, »Wie hat es heute mit deinem Verhalten, das du üben möchtest, geklappt?« oder »Wie war es mit dem Ruhig–Sitzen auf dem Stuhl?«. Auf »Fertig los« zieht das Kind aus seinen fünf Karten die Karte heraus, die seiner Auffassung nach zutrifft. Die Lehrkraft sucht ebenfalls die passende Karte. Beide zeigen nun ihre Karte. Stimmen beide Karten überein, erhält das Kind einen Punkt auf seinem Punkteplan, weil es richtig beurteilt hat. Weicht die Beurteilung bei dem Kind um einen Punkt ab, erhält es ebenfalls einen Punkt, weil die Beurteilung noch stimmig ist. Weicht die Beurteilung um zwei Punkte ab, erhält es keinen Punkt.

Dieses Bewertungssystem wird von Kindern gern durchgeführt, weil es vier positive und nur eine negative Bewertung beinhaltet. Erst wenn man ganz sicher ist, daß ein Kind sein Verhalten sicher einschätzen kann, beginnt man mit dem eigentlichen Training.

Nur ein Problem bearbeiten

Im Umgang mit ADS-Kindern neigen Lehrkräfte sehr stark dazu, mehrere Probleme gleichzeitig zu bearbeiten. Dies ist in der Regel zum Scheitern verurteilt. Genau wie sie zu Hause auch nicht mehrere Anweisungen speichern und ausführen können, stellt sich das Bild in der Schule nicht anders dar.

Immer wieder berichten Lehrkräfte über ihre Versuche, mit den ADS-Kindern Regeln einzuüben. Die meisten Grundschulklassen erarbeiten eine Zusammenstellung von Regeln, wie man sich in der Klasse verhält: »Ich melde mich, wenn ich etwas sagen will.«; »Ich lasse andere ausreden.«; »Ich bleibe auf meinem Platz sitzen.«; »Ich vertrage mich mit den anderen Kindern.« etc.

Schon nach kurzer Zeit stellt man fest, daß ADS-Kinder immer wieder gegen die Regeln verstoßen. Man erklärt ihnen die Regeln erneut. Sie werden vorgelesen, nochmals erklärt, und schließlich fragt man das Kind: »Hast du alle Regeln verstanden?« Es blickt die Lehrkraft mit großen Augen an und antwortet: »Klar.« Die Lehrerin fährt fort: »Bist du bereit, alle Regeln einzuhalten?« Die Reaktion des Kindes: »Ich schwöre es!« Die Lehrerin dreht sich um und wendet sich einer anderen Beschäftigung zu, und schon hat das Kind eine der Regeln gebrochen. Die Lehrkraft ist ärgerlich, weil sie eben noch alles genau erläutert und das Kind versprochen hat, alles zu befolgen.

In der Praxis zeigt sich, daß ADS-Kinder überhaupt nicht in der Lage sind, mehrere Regeln zu überschauen. Sie können höchstens eine Regel befolgen. Aus diesem Grund ist es günstiger, mit ihnen zunächst nur eine Regel zu trainieren.

Hier spricht man sich mit anderen Lehrkräften ab und einigt sich auf eine Verhaltensweise, die jede Lehrkraft sehr stark stört und die möglichst häufig vorkommt. Hat das Kind sie erlernt, folgt das Training der nächsten Regel.

Bei Martin entschieden sich die Lehrkräfte dafür, zunächst zu trainieren, daß er nicht jeden Tag seine Mitschüler und auch die Lehrkräfte mit Kraftausdrücken beschimpft. Alle Lehrer der Klasse einigten sich darauf, mit ihm nach einem Punkteplan zu verfahren. Schon nach einer Woche zeigten sich erste Erfolge. Der Umgangston des Jungen mit anderen war bei weitem nicht mehr so rüde. Nach vier Wochen benutzte er viele der Schimpfwörter nicht mehr und nur noch gelegentlich unterliefen ihm »Entgleisungen«. Gleichzeitig aber hatten sich auch andere Verhaltensweisen verbessert. Er rief nicht mehr so häufig in die Klasse, hatte seine Hausaufgaben besser erledigt und brachte auch seine Materialien zuverlässiger mit. Ein solcher Effekt tritt ein, weil sich natürlich auch der Umgang der Lehrkräfte und der Eltern in bezug auf das Kind verändert hat. Da Erfolge sichtbar waren, wurde er viel häufiger gelobt – und das auch noch in unterschiedlichen Fächern. Auch die Eltern sparten nicht mit Anerkennung, wenn sie erfuhren, daß es in der Schule gut lief.

Martin stellte schnell fest, daß er mit den Lehrkräften, wenn sie zu ihm freundlich waren, viel besser zurechtkam. Also bemühte er sich von sich aus, auch andere Verhaltensweisen zu verändern, um auch hier gelobt zu werden.

Nach sechs Wochen wurde beschlossen, den Verstärkerplan auszusetzen, weil Martin nur noch wenige Schimpfwörter benutzte. Jetzt aber sagten seine Lehrkräfte: »Er beschimpft zwar nicht mehr seine Mitschüler oder uns, aber er schreibt seine Hausaufgaben nicht zuverlässig auf, macht sie oft nicht, vergißt sie, gerät leicht in Streitereien etc.« Es folgte eine lange Auflistung. Wenn also offensichtlich ein Ziel erreicht ist, das vorher als ein starkes Störverhalten interpretiert wurde, gewöhnt man sich schnell daran, daß es nicht mehr häufig auftritt, und richtet sein Augenmerk auf andere negative Verhaltensweisen, anstatt ein Resümee zu ziehen und zu sagen: »Das funktioniert jetzt schon gut. Es ist in Ordnung.« Man könnte jetzt wieder *eine* neue Verhaltensweise trainieren.

Möglichst viel Verantwortung geben

Immer wieder ist zu beobachten, daß ADS-Kinder wenig verantwortungsvolle Aufgaben übertragen bekommen. Dies hat seinen Grund darin, daß sie häufiger auch einmal unzuverlässig sein können und Dinge vergessen oder auch verlieren. Man traut ihnen nicht zu, etwas allein und verläßlich zu regeln. Manche von ihnen sind auch ungeschickt. Schnell fällt ihnen etwas herunter, oder sie sind zu ungeduldig und können nicht abwarten. Es ist daher sinnvoller, das Klassenbuch einem ruhigen Kind, das schön schreibt und das Buch täglich verläßlich im Sekretariat abholt, zu übertragen. Aber auch die Unruhigen sollten Gelegenheit bekommen, eigenständig Aufgaben zu übernehmen, damit sie Abfolgen und Strukturen erlernen und auch bei verantwortungsvollen Aufgaben anwenden können.

Sechs- bis Achtjährige kochen besonders gern, natürlich auch ADS-Kinder. So kann man auch das Kochen in das Training einbauen. Sie können beispielsweise Pfannkuchen nach einem Bildrezept backen. Sie verstehen schnell die Abfolge, und es dauert nicht lange, dann haben sie Milch, das Mehl und den Zucker in einem Behälter gesammelt. Gerade das Aufschlagen der Eier am Schüsselrand setzt gewisse feinmotorische Fähigkeiten voraus. Die Mehrzahl der Eier landet in der Schüssel, aber immer wieder fällt dann eines auf den Boden. Der Trainer sollte nicht reagieren. Zu Hause gewinnt an dieser Stelle die Mutter nicht selten die Überzeugung, daß es wahrscheinlich doch nicht sinnvoll ist, das Kind etwas selbständig arbeiten zu lassen, da sie jetzt die frisch gereinigte Küche wieder neu putzen muß. Wenn der Trainer nicht reagiert, finden die Kinder eigene Strategien, wie sie mit dem »Arbeitsunfall« umgehen. Dabei gibt es zwei Möglichkeiten, die jeweils eine statistische Wahrscheinlichkeit von 20 % und 80 % haben. Variante 1: Sie holen ein Kehrblech, einen kleinen Besen und kehren das Ei auf das Blech und schmeißen es in den Abfalleimer (20 %). Variante 2: Sie nehmen wieder das Kehrblech, den kleinen Besen, kehren das Ei auf und geben es zurück in den Teig (80 %). Die Kinder reinigen dann von sich aus den Boden mit entsprechenden Lappen oder Papier und fahren in ihrer Tätigkeit fort. Je häufiger sie diese Tätigkeiten ausüben, desto geschickter werden sie auch und desto selbstbewußter agieren sie.

Gerade eigenständiges Handeln gibt die Möglichkeit, sie verstärkt zu loben, ihnen besonders viel Selbstvertrauen zu vermitteln und ihnen auch zu zeigen, daß man ihnen trotz »gewisser« Ungeschicklichkeiten und Hektik viel zutraut.

Gespräche

Für Lehrkräfte, die ein ADS-Kind in der Klasse haben, kann es hilfreich sein, sich mit anderen auszutauschen. Dabei ist es wichtig, immer wieder das Gespräch mit anderen Kolleginnen und Kollegen, die im Moment auch mit dem Kind arbeiten, zu suchen. Viele Lehrkräfte relativieren dadurch ihre Beurteilung des Kindes bzw. können das Kind besser akzeptieren. Im Rahmen von Lehrertrainings berichtet jeder über das ADS-Kind, das sich in seiner Klasse befindet. Nach diesen Berichten tritt folgender Effekt ein: Jede Lehrkraft denkt bei sich oder äußert dies auch offen in der Runde, daß ihr Kind eigentlich das schlimmste sei. Der Austausch bewirkt nun, daß die anderen Kinder mit dem Kind in der eigenen Klasse verglichen werden. Dadurch relativieren sich die Schwierigkeiten, und man meint, doch nicht den auffälligsten Schüler zu haben, da es offensichtlich noch viel »schwierigere« gibt. Das Gespräch mit den Lehrkräften, die das Kind abgeben, wird nicht immer als hilfreich angesehen. Die amerikanische Erziehungswissenschaftlerin Sandra Rief (1993) warnt davor. Für sie stellen diese Gespräche ein »Don't« dar, weil unter Umständen sehr viele Vorurteile gegenüber dem Kind weitergegeben werden.

Darüberhinaus hat die Auseinandersetzung mit den Eltern eine wichtige Funktion. Ganz abgesehen davon, daß Eltern dankbar sind, wenn sie beraten werden und man ihnen auch von den Fortschritten der Kinder berichtet. Sie selbst können aus dem familiären Umfeld oft Beobachtungen beitragen, die Verhaltensweisen in der Schule erklären. Ungünstig wirkt sich aus, wenn die Lehrkraft nur Negatives aus der Schule berichtet, ständig jammert und klagt. Für die Eltern ist dies wenig hilfreich. Sie entwickeln starke Schuldgefühle oder sogar Aggressionen. Gemeinsames Vorgehen läßt sich so nur schwer realisieren.

Lehrkräfte haben oft die Vorstellung, daß Hilfen für die Familie oder Veränderungen in der Familie auch dazu führen können, das Verhalten des Kindes in hohem Maße zu modifizieren. Ganz oft wird die Forderung nach einer Familientherapie gestellt. Sie erweist sich häufig als unrealistisch, da nur ganz wenige solcher Therapieplätze zur Verfügung stehen. Ganz abgesehen davon ist es nicht sicher, ob eine familientherapeutische Maßnahme bei einem hyperaktiven Kind wirklich die gewünschte Verbesserung erbringt. Leider glauben immer noch Lehrkräfte, das überaktive Verhalten von Kindern hänge ausschließlich mit der Erziehung zusammen. Sie vermuten, daß es abstellbar sei, wenn professionelle Hilfe

130

in Anspruch genommen wird. Die Lehrkraft denkt: »Wenn die Eltern lernen, das Kind besser zu erziehen, dann wird es schon besser funktionieren.« Diese Hypothese hat sich eindeutig als falsch erwiesen, wenn auch für manche Eltern professionelle Hilfe unterstützend sein kann, weil die Probleme des Kindes auch dazu geführt haben, daß sie selbst miteinander schlechter umgehen können.

Manchmal ist die Familiensituation so schwierig, daß die Schule keine Zusammenarbeit mit der Familie erwarten kann, weil sie aus unterschiedlichen Gründen nicht zu leisten ist. Sie ist unter Umständen so starken Belastungen ausgesetzt, daß keine Unterstützung der schulischen Ansätze geleistet werden kann. Trotzdem geht das Kind täglich mehrere Stunden zur Schule und kann hier über einen längeren Zeitraum trainiert werden als in jeder Therapiesituation. Die Praxis hat gezeigt, daß die Kinder wohl unterscheiden können, nach welchen Regeln der Vormittag in der Schule und der Nachmittag zu Hause abläuft. Sie differenzieren, bei wem es Regeln gibt und bei wem es keine Regeln gibt, und können vieles, was mit ihnen in der Schule trainiert wird, auch praktizieren.

Konzentrationsförderung

Ein gezieltes Konzentrationstraining wird in der Regel in Förderstunden angeboten, aber in der Minimalanforderung kann die Methode auch im Unterricht selbst mit Kindern trainiert werden.

Für die Arbeit mit den Unaufmerksamen werden pro Tag zehn bis fünfzehn Minuten benötigt. Ihre Förderung erfolgt durch die Lehrkraft in einer Gruppe von zwei bis drei Kindern, während die anderen Kinder andere Aufgabenstellungen erhalten: Arbeitsblätter bearbeiten, eine Geschichte schreiben etc. Die Dauer eines solchen Trainings beläuft sich bei täglichem Üben auf höchstens vier Wochen. Es ist in den Klassen 1–6 problemlos zu praktizieren, eignet sich aber auch noch für ältere Schüler im Hauptschulbereich.

Grundgedanke eines solchen Konzentrationstrainings ist es, den Arbeitsstil eines Kindes zu verändern. Durch Vermittlung von Denkstrategien kann es lernen, seine Aufmerksamkeit besser zu steuern und zu strukturieren. Es wird ein sogenannter »reflexiver Arbeitsstil« (Wagner, 1984) eingeübt.

Zielsetzungen:

1. Erhöhung der Selbststeuerung, der Selbständigkeit und der Selbstakzeptanz des Kindes

2. Verbesserung der Motivation durch erfolgreicheres Bearbeiten von Aufgaben und durch angemessenes Umgehen mit Fehlern

3. Veränderung der Interaktion Lehrer-Kind und eventuell auch Eltern-Kind

Abbildung 8: *Zielsetzungen eines Konzentrationstrainings*

Natürlich muß ein solches Training Kindern auch Spaß machen.

Das Training wird anhand einer Schildkröte als Leitfigur plausibel gemacht. Sie taucht immer wieder auf, sie ist eine Metapher, aber auch Modell für die Kinder.

»Die Schildkröte mag sonnige Plätze besonders gern und ruht sich oft dort aus. Sie hat einen Panzer, in den sie sich, wenn ihr alles zu viel wird, zurückziehen kann. Die Schildkröte ist ein ruhiges und leises Tier. Wenn sie einen Laut von sich gibt, ist es etwas ganz Wichtiges. Die Schildkröte kann gut beobachten. Sie sieht viel und findet sich ausgezeichnet zurecht. Manches bemerkt sie früher als andere Tiere. Oft bewegt sie sich ganz langsam und bedächtig, aber wenn es notwendig ist, kann sie auch ganz schnell sein. Die Schildkröte hat mit dem Lernen keine Probleme und kommt mit Schwierigkeiten gut zurecht.«

Aufmerksamkeitsgestörte Kinder bilden bei der Lösung von Aufgaben keine Strategien. Folglich ist in der Schule und zu Hause bei der Aufgabenstellung anzusetzen.

Es empfiehlt sich ein Vorgehen nach der Methode der verbalen Selbstinstruktion (Meichenbaum & Goodmann, 1971).

Training im Unterricht

Das Arbeitsblatt (Abbildung Nr. 12) soll bearbeitet werden. Die Lehrkraft sitzt mit drei Kindern an einem Tisch. Jedes Kind hat einen Stift und das Arbeitsblatt vor sich liegen. Die Lehrkraft führt das Training entsprechend der folgenden Methode durch.

Die Selbstinstruktion während der Lösung einer Aufgabe beinhaltet Anweisungen zur: Aufgabenanalyse, Materialanalyse, Zielanalyse, Aufforderung zum Zeitlassen, Formulierung von Teilzielen, Konfliktanalyse, Bewältigung von Frustration und Mißerfolg, Bewertung von Ergebnissen, Selbstbekräftigung und das Einplanen von Pausen.

In der Unterrichtssituation führt die Lehrkraft die Methode wie folgt durch:

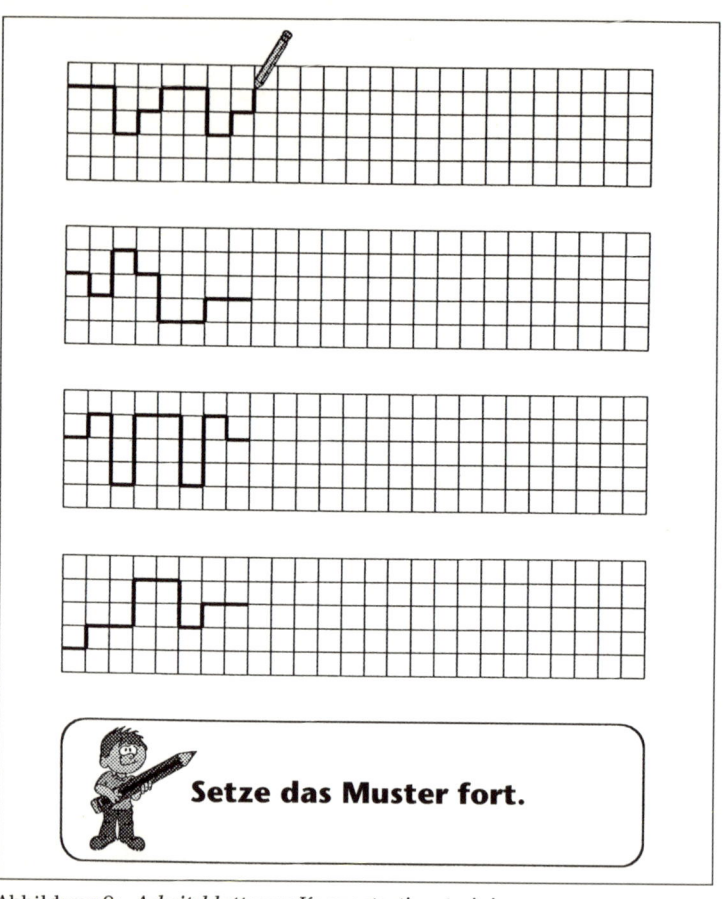

Abbildung 9: *Arbeitsblatt zum Konzentrationstraining*

Sie wählt ein Arbeitsblatt, ähnlich dem hier abgebildeten, und beginnt das Training folgendermaßen:

Schritt 1

1. Sie liest die Aufgabenstellung vor. »Setze das Muster fort.«
2. Sie führt dem Kind jetzt vor, wie die Aufgabe durchzuführen ist. Dabei spricht sie laut. Sie ist sozusagen das Modell und demonstriert, wie eine Selbstinstruktion stattfindet. Sie sagt: »Was soll ich tun? Ich soll also das Muster fortset-

SCHRITT 1:	Die Lehrkraft führt eine Aufgabe als Modell selbst durch, während sie laut zu sich selbst spricht.

▼

SCHRITT 2:	Das Kind führt die gleiche Aufgabe durch, während die Lehrkraft es laut instruiert.

▼

SCHRITT 3:	Das Kind führt die Aufgabe durch, während es sich selbst laut instruiert – mit Hilfestellung der Lehrkraft.

▼

SCHRITT 4:	Das Kind führt die Aufgabe durch, während es sich selbst dabei flüsternd instruiert.

▼

SCHRITT 5:	Das Kind führt die Aufgabe durch und denkt die Instruktionen nur noch.

Abbildung 10: *Die Methode der verbalen Selbstinstruktion*

zen. Deshalb nehme ich jetzt den Bleistift und setze an der Stelle an, wo die Hand eingezeichnet ist. Jetzt beginne ich mit dem Muster. Zuerst ein Strich nach rechts etc.«
So führt die Lehrkraft die erste Aufgabe einmal selbst durch und macht dabei auch einen Fehler. Der Fehler wird verbessert durch den Kommentar: »Es ist mir jetzt ein Fehler passiert, das ist aber nicht schlimm. Wenn ich einen Fehler gemacht habe und ihn verbessere, ist die Aufgabe trotzdem richtig.« Viele der konzentrationsgestörten Kinder haben mit Fehlern besondere Probleme. Sie denken, wenn sie etwas falsch gemacht haben, dann ist auch gleich all das, was sie bereits gemacht haben, falsch. So haben sie sich angewöhnt, in der Schule ganz flüchtig über eine Aufgabe hinwegzulesen, so daß sie in etwa eine Ahnung davon haben, was zu tun ist. Dann fangen sie an, es unterlaufen die ersten Fehler, und sie hören auf. Deshalb ist es wichtig, daß die Lehrkraft nicht nur vormacht,

wie eine Aufgabe gelöst wird, sondern auch einen Fehler korrigiert.

Hat man als Modell nun einen Teil der Aufgabe bearbeitet, hört man auf und faßt die geleistete Arbeit zusammen, indem man sich lobt. Man führt das Eigenlob ein, auch wenn viele Kinder gelernt haben, »Eigenlob stinkt«. Das Eigenlob bewirkt, daß sich Kinder selbst loben für den Fall, daß sie anschließend doch nicht ausreichend durch die Lehrkraft positiv bekräftigt werden. Die Lehrkraft schließt die Aufgabe ab und sagt jetzt zu sich: »Bis hierhin habe ich gut gearbeitet. Deshalb kann ich zu mir sagen, das habe ich gut gemacht.«

In diesem ersten Schritt beobachtet das Kind ausschließlich, was die Lehrkraft macht. Es sieht, wie der Arbeitplatz organisiert ist, wo das Arbeitsblatt und der Stift liegen etc. Diesen Schritt 1 demonstriert man dem Kind ein einziges Mal, damit es sieht, wie seine Lehrerin die Aufgabe löst. Es ist nicht notwendig, damit in jeder Stunde wieder neu zu beginnen.

Schritt 2

3. Im zweiten Schritt benutzt man das gleiche Arbeitsblatt und geht im Prinzip genauso vor wie im ersten. Der einzige Unterschied ist, die Kinder arbeiten schon mit. Das bedeutet: Die Lehrkraft spricht. Sie kommentiert alles, was sie gerade erarbeitet, und das Kind zeichnet die Aufgabe mit. In den abgebildeten Kästchenmustern bedeutet dies, daß die Lehrkraft wiederum einen Teil der Aufgabe bearbeitet und sich dann auch selbst lobt.

Schritt 3

4. Im dritten Schritt spricht das Kind selbst. Es liest die Aufgabenstellung vor und sagt laut, was es machen wird und wie es die Aufgabe bearbeitet. Die Lehrkraft korrigiert immer dann, wenn die Aussagen des Kindes nicht präzise sind. Dieser Schritt ist besonders wichtig und wird so lange durchgeführt, bis das Kind die Methode beherrscht. Beispielsweise beginnt das Kind folgendermaßen: »Ich

136

ziehe einen Strich nach hier« – dabei zeigt es nach rechts. Aufgabe der Lehrerin ist es nun zu korrigieren und zu präzisieren: »Ich ziehe ein Kästchen nach rechts.« Das Kind führt also die Selbstinstruktion laut durch, allerdings wird es durch die Lehrkraft korrigiert.

Zusätzlich wird es bei jedem Schritt gelobt. Das Kind zeichnet ein Kästchen nach rechts und die Lehrkraft kommentiert: »Gut«, dann malt es zwei Kästchen nach oben, Lehrkraft: »Prima«, dann eine Kästchen nach rechts, Trainerin: »Schön«, dann drei Kästchen nach unten »Super« etc. Über ein solches Lob wird ein konzentriertes Vorgehen aufgebaut. Dieser Schritt wird so lange praktiziert, bis das Kind ihn an unterschiedlichen Aufgabenstellungen vollständig beherrscht. Arbeitet man nun mit drei Kindern, bearbeitet jedes Kind einen Teil der Aufgabe. Das Kind, das gerade laut spricht, ist dafür zuständig, daß die anderen vom Tempo her mitkommen. Die Lehrkraft selbst zeichnet das Muster ebenfalls mit. Sie entwickelt dadurch ein besseres Gefühl für den Arbeitsrhythmus der Kinder.

Schritt 4

5. Jetzt flüstert das Kind die gesamte Instruktion. Dies bedeutet, daß man zwar nicht hört, was das Kind sagt, aber man sieht, daß es, bevor es die Aufgabe anfängt, zunächst erst genau darlegt, was es zu tun hat.

Schritt 5

6. Im fünften Schritt spricht das Kind die Instruktion sozusagen »innerlich«. Es denkt. Es geht die Aufgabe in Gedanken durch, ohne dabei zu sprechen.

Da die Übungen einen geringen Schwierigkeitsgrad haben, können sie von den Kindern gut bewältigt werden. Sie haben sehr schnell das Gefühl, daß sie den Trainingsanforderungen genügen.

Zusätzlich empfiehlt es sich, mit Verstärkerplänen zu arbeiten, um die Motivation zu erhöhen. Jedes Kind hat einen

Punkteplan und kann sich nach jedem Übungsintervall einen bestimmte Punktzahl einzeichnen. Die Punktzahl ist für alle Kinder gleich. Man geht davon aus, daß sich jedes Kind Mühe gibt. Die Punkte kann das Kind am Ende der Trainingsphase gegen kleine Preise eintauschen.

Training im Förderunterricht

Wird das Konzentrationstraining im Rahmen eines Förderunterrichts durchgeführt, hat man mehr Zeit zur Verfügung. Optimal ist hier eine Trainingsstunde pro Woche, die 60 bis 75 Minuten dauert. Diese Trainingsstunde erfolgt stets nach dem gleichen Muster.

Zu Beginn einer jeden Trainingsstunde steht eine Entspannungsübung. Die Entspannungsübung gibt den Kindern die Möglichkeit, zur Ruhe zu kommen, und erhöht die Aufnahmebereitschaft für die nachfolgenden Arbeitsphasen. Jede Stunde hat in der Regel zwei bis vier Arbeitsphasen. Übungsblätter und Bildvorlagen für die Arbeitsphasen werden durch die Lehrkraft vorgegeben. Die Übungsblätter sind so gestaltet, daß die Kinder sie gern bearbeiten (Krowatschek, 1999[4]).

Die einzelnen Arbeitsphasen werden von sogenannten »Spielphasen« abgelöst, damit die Kinder motiviert werden. Sie bestehen aus Übungen zur Förderung aller Sinnesorgane. Denkaufgaben, Suchbilder und kleine gemeinsame Spiele runden die Stunde ab. Bei allen Vorhaben werden die Aufgabenstellungen laut beschrieben. Auch hier wird wieder mit Punkten und einem Verstärkerplan gearbeitet.

Erfahrungen mit ADS-Kindern

Die Methode der verbalen Selbstinstruktion wird anhand von Arbeitsblättern eingeübt, die zunächst mit den Aufgabenstellungen des Unterrichts nichts zu tun haben. Diese sind bei den Kindern so negativ besetzt, daß sie wahrscheinlich die Mitarbeit verweigern würden. Erst wenn die Methode vollständig eingeübt ist, erfolgt ein Transfer auf den Unterricht. Man wendet die Methoden auf die im Unterricht gestellten Aufgaben an. Hierbei kann man sich formelhafte Wendungen zunutze machen, die man im Training eingeführt hat. Sieht man, daß ein Kind Schwierigkeiten bei einer Aufgabe hat, weist man es darauf hin, daß man das Vorgehen doch mit ihm geübt habe, und erinnert es, wie es die Aufgabe bewältigen kann: »Du weißt doch, wie du eine Aufgabe bearbeiten kannst, und wie wir das zusammen geübt haben.« Jetzt wiederholt das Kind das im Training Gelernte: »Zuerst lese ich mir die Aufgabe genau durch, und dann sage ich noch einmal laut, was ich genau in einzelnen Schritten tun soll.« Die Chance, daß es dann die Aufgabe richtig bearbeitet, ist außerordentlich hoch.

Dabei scheint die Verstärkung der Selbstakzeptanz besonders wichtig zu sein. Schon in der ersten Übungsphase merkt man, daß die Kinder sich nahezu nichts zutrauen. Sie sind der Auffassung, daß sie eigentlich gar nichts können. Durch die kontinuierliche Bekräftigung finden sie allmählich den Mut, auch schwierigere Aufgaben anzugehen. Im Rahmen ihres Leistungsvermögens bearbeiten sie dann bald Aufgaben, die dem Schwierigkeitsgrad der Unterrichtsaufgaben entsprechen. Neben der Arbeit mit Übungsblättern und Phasen zur Förderung aller Sinnesorgane werden auch Spielmaterialien eingesetzt, die hohen Aufforderungscharakter haben, aber zugleich von Kindern eine hohe Konzentration, strategisches Denken, Ausdauer und Umgehen mit Mißerfolgen erfordern. Die Kinder empfinden den Einsatz solcher Spielmaterialien als zusätzliche Belohnung. Auch Spiele, die feinmotorische Geschicklichkeit erfordern oder das Durchhaltevermögen trainieren, haben hier ihren Platz.

Hilfen für zu Hause

Immer wieder fragen Eltern, was kann ich tun, was soll ich tun? Die Probleme fangen mit den einfachsten Strukturen an, aber gerade diese sind oft im Alltag schwer umzusetzen. Leider sind Eltern oft nicht gerade die geeignetsten Trainer. Sie sind emotional stark beteiligt und können häufig selbst nicht die notwendige Distanz entwickeln, um erfolgreich mit dem eigenen Kind zu arbeiten. Bei anderen Kindern entwickeln sie mehr Geduld, zeigen Verständnis und verhalten sich konsequent. Aus diesem Grund sind ihren Interventionen Grenzen gesetzt.

Der Tagesablauf

Der Tagesablauf des Kindes sollte ganz übersichtlich organisiert sein. Es ist der Bereich, in dem Eltern eigentlich am meisten leisten können. Bei ADS-Kindern hat es sich bewährt, wenn sie täglich

- zur gleichen Zeit aufstehen,
- zur gleichen Zeit Hausaufgaben machen,
- zur gleichen Zeit ihre Spielsachen wegräumen,
- zur gleichen Zeit zu Bett gehen.

Dabei sollte das Kind einmal am Tag mit einem Erwachsenen zusammen essen, damit es Gelegenheit hat, über das am Tag Erlebte zu sprechen. Es kann auch das Abendessen sein – wenn möglich immer zur gleichen Zeit.
Wird der Tagesablauf des Kindes in dieser Form strukturiert, kann dies für ADS-Kinder eine große Hilfe sein, weil sie lernen, was als nächstes auf sie zukommt. Sie fügen sich schnell in ein solches Zeitraster ein, kommen gut damit zurecht und profitieren von seiner Regelhaftigkeit.

In Ferientrainings für ADS-Kinder kann man immer wieder die Beobachtung machen, daß es besonders hilfreich ist, wenn ihnen gleiche Essenszeiten, gleiche Trainingszeiten, gleiche Spielzeiten, also ganz klare und übersichtliche Strukturen, angeboten werden.

Dies gilt auch für die Jüngeren. Eine Mutter berichtet, wie sie es organisiert, daß ihr Kind zum richtigen Zeitpunkt sein Spielzeug zusammenräumt. Die Anweisung lautet: »Immer wenn es dunkel wird, räumst du deine Spielsachen zusammen«. Gelingt dem Kind dies, erhält es eine kleine Belohnung. So hat es die Möglichkeit, selbst zu beobachten, wann der Zeitpunkt zum Aufräumen gekommen ist. Da es nicht mit einem Mal dunkel wird, kann es sogar einen gewissen Spielraum nutzen.

In vielen Familien erweist es sich allerdings als außerordentlich schwierig, solche Strukturen zu etablieren und zu praktizieren. 90 Prozent der betroffenen Eltern gelingt dies nur selten.

Die Hausaufgabensituation

Die Aufmerksamkeitsstörungen der ADS-Kindern werden den Eltern in der Hausaufgabensituation besonders deutlich.

So arbeitet eine Gruppe der ADS-Kinder (vorwiegend ADS mit Hyperaktivität / Impulsivität) bei den Hausaufgaben schnell und erledigt sie eher flüchtig und fragmentarisch. Eine andere Gruppe (vorwiegend aufmerksamkeitsgestört, aber nicht hyperaktiv / impulsiv) sitzt stundenlang und bewältigt die einfachsten Aufgaben nicht in angemessener Zeit.

Schon die Fragestellung, wann diese Kinder ihre Hausaufgaben erledigen sollen, wird unter Eltern immer ausführlichst diskutiert.

Vom Biorhythmus her wäre die günstigste Zeit etwa ab 16.00 Uhr. Das bedeutet, die Kinder haben bis 16.00 Uhr Freizeit, spielen, gehen ihren Hobbys nach oder ruhen sich aus. Sie beginnen erst dann mit den Hausaufgaben. Dies ist in der Regel nicht praktikabel, da die Kinder, wenn sie erst einmal Freizeitbeschäftigungen nachgehen, kaum noch bereit sind, Hausaufgaben zu machen. Von daher entscheiden sich viele Eltern dafür, die Hausaufgaben direkt nach der Schule mit den Kindern zusammen zu erledigen.

Der Schulpsychologische Dienst in Marburg hat im Rahmen der Evaluation seines Konzentrationstrainings 800 Mütter oder Väter mit Videokamera 30 Minuten lang in der Hausaufgabensituation gefilmt. Dabei saß das Kind neben dem jeweiligen Elternteil, meistens waren es die Mütter. Im Raum befand sich zusätzlich eine Kamera, die direkt vor beiden aufgestellt war. Die Hausaufgabensituation wurde vor und nach dem Training gefilmt. Untersucht werden sollten die Effekte des Konzentrationstrainings auf die Hausaufgabensituation.

In den 800 Filmaufnahmen konnte sehr genau analysiert werden, warum die Hausaufgabensituation sich so problematisch für Eltern gestaltet. Es kann beobachtet werden, daß sich bei den ADS-Kindern die Hausaufgabensituation immer weiter zuspitzt. Die Mutter bemüht sich, alles möglichst zügig und erfolgreich abzuwickeln. Doch schon bei dem schnell und flüchtig arbeitenden Kind stößt sie dabei auf Probleme, es ist nämlich nicht sehr motiviert, überhaupt Hausaufgaben zu erledigen.

Die Mutter möchte helfen und übernimmt zu schnell die Verantwortung für die Hausaufgaben. Meistens beginnen die Filme so, daß die Mutter die Unterlagen aus dem Ranzen nimmt und das Kind fragt: »Was haben wir denn heute auf?« Mancher mag jetzt erwarten, daß Kinder mit »Nichts« antworten. Nur wenige Kinder geben diese Antwort. Sie ist ein wenig gefährlich, weil sie eine Lüge enthält, wenn das Kind Hausaufgaben zu machen hat. Meistens führt diese zu Sanktionen – zu einer Bestrafung. Die ganz große Mehrzahl der Kinder antwortet: »Ich weiß es nicht«. Damit überträgt das Kind die Verantwortung auf die Mutter. Dadurch, daß die Mehrzahl der Mütter täglich mit den Kindern Hausaufgaben macht, sind auch die Mütter sehr gut trainiert. Sie lassen sich durch eine solche Antwort nicht so schnell irritieren. So

142

nimmt die Mutter das Rechenbuch, blättert in dem Buch und sagt »Gestern waren wir auf Seite 33. Heute sind wir auf Seite 34. Tatsächlich, hier sind drei Aufgaben angestrichen. Das hast du auf.« Das Kind registriert, daß es der Situation nicht mehr entrinnen kann, und nickt. »Weißt du, wie das geht?«, fährt die Mutter fort. Jetzt antwortet das Kind wieder: »Das weiß ich nicht.« Das setzt die Mutter unter Spannung, aber so schnell gibt sie noch nicht auf. Sie schaut sich die Aufgaben an und stellt fest, daß hier dividiert wird. »Dividieren«, denkt sie, »hast du auch in der Schule gelernt.« Jetzt macht sie dem Kind die Aufgabe vor. Sie macht das so, wie sie es selbst gelernt hat. Sie schreibt die Zahlen untereinander, schreibt den Rest extra auf, notiert alle Zahlen und kommt auch zum richtigen Ergebnis. Zufrieden beendet sie die Aufgabe und kommentiert, »So wird es gemacht, und das ist das Ergebnis«. Das Kind schaut sie an, und dann kommt die Antwort: »So machen wir das aber nicht.«

Und das ist der Zeitpunkt, an dem sich die Situation zuspitzt. Die Mutter ist jetzt emotional »geladen«. Sie ist nicht mehr souverän in der Situation, sie wird ungeduldig und ist verärgert. Die Hausaufgabensituation beginnt zu eskalieren. An ein vernünftiges Arbeiten ist nicht mehr zu denken. Hier liegt in der Hausaufgabensituation die entscheidende Problematik. Die Mutter hat die Absicht, das Kind möglichst gut zu trainieren. Das Kind bringt sie aber ganz schnell in die Situation, daß sich alles aufschaukelt.

Bei dem sehr langsam arbeitenden, träumenden und trödelnden Kind ist die Situation umgekehrt. Viele dieser Kinder scheinen die Hausaufgabensituation offensichtlich zu genießen. Das Anfertigen der Hausaufgaben dauert Stunden. Die Mutter ist interessiert daran, den Zeitraum zu verkürzen. Alle ihre Bemühungen gehen in diese Richtung. Das Kind selbst wartet, was passiert. Es unternimmt nichts, ohne dazu aufgefordert zu sein. Diese Kinder arbeiten nur dann zügig, wenn sie selbst etwas vorhaben, wenn sie beispielsweise zu einem Geburtstag, zu einem Fußballspiel o. ä. wollen.

Jetzt versucht die Mutter das Kind dazu zu bringen, möglichst zielgerichtet zu arbeiten. Sie macht ihm Versprechungen für den Fall, daß alles gut läuft. Oft gewährt sie schon kleine Belohnungen zu einem Zeitpunkt, an dem das Kind noch überhaupt nichts getan hat. Es erhält dann vielleicht schon eine Süßigkeit oder darf eine Zeitlang fernsehen etc., ohne daß es schon etwas produziert hat, das man belohnen könnte. So gestaltet sich der ganze Nachmittag bis zu dem Zeitpunkt, an dem die Mutter ungehalten wird.

Für das Kind selbst gibt es wenige Gründe, zügig zu arbeiten, weil es die Situation als außerordentlich angenehm empfindet. Daß nach einer gewissen Zeit ein Konflikt folgt, geschimpft wird und das Kind selbst auch in Tränen ausbricht, wird am Anfang nicht berücksichtigt.

Das aufmerksamkeitsgestörte, flüchtig, aber schnell arbeitende und auch das langsame, trödelnde Kind haben starke Probleme, sich zu konzentrieren. Das erste kann die Konzentration nicht aufrechterhalten, das andere entwickelt sie gar nicht erst.

Im Rahmen der besagten Filmarbeiten wurden auch 25 Kinder gefilmt, die keinerlei Probleme mit der Konzentration und den Hausaufgaben haben. Auch sie sollten zusammen mit einem Elternteil die Hausaufgaben erledigen. Die Situation gestaltete sich ähnlich wie bei den ADS-Kindern. Wieder bemühte sich die Mutter, alles möglichst gut zu machen. Sie versuchte, in die Situation einzugreifen, natürlich nach bestem Wissen und Gewissen. Der Hauptunterschied war schließlich, daß die Kinder selbst »resistenter« waren. Das bedeutet, sie wehrten die Hilfsangebote der Mütter ab. Die Kinder sagen dann: »Laß mich das bitte allein machen. Ich kann das schon.« Da die ganz große Mehrzahl aller Mütter nicht so gern Hausaufgaben beaufsichtigt, lassen sie dann auch die Kinder gewähren, vor allem dann, wenn sie sicher sind, daß ihr Kind die Hausaufgaben tatsächlich selbständig und ordentlich bewältigt. Sie greifen dann auch nicht ein.

Zunächst sollte die auf Video aufgenommene Hausaufgabensituation mit den Eltern der ADS-Kinder analysiert werden. Da sie sich aber nach kürzester Zeit negativ gestaltete, wurde hierauf verzichtet. Es wurde dann eine Spanne von zehn Sekunden aus dem Film ausgesucht, in dem die Mutter positiv auf das Kind einwirkte. Dies war eine Sequenz, in der sie das Kind lobte, ihm zulächelte, eine Frage beantwortete etc. Manche Videos erhielten eine solche Situation überhaupt nicht enthalten.

Ähnlich wie die Lehrkräfte sind die Mütter auf bestimmte Methoden angewiesen, um sich den Umgang mit den ADS-Kindern zu erleichtern.

Belohnung und Strafe

Die Erziehung der ADS-Kinder ist oft auf Bestrafung ausgerichtet. Immer wieder werden die Kinder ermahnt, und in endlos langen Monologen wird ihnen dargelegt, was an ihrem Verhalten falsch ist. Lob wird nur spärlich vergeben.

Bestrafungen führen dazu, daß ein Verhalten unterbrochen wird. Das bedeutet, es wird nicht mehr praktiziert, aber ein angemesseneres Verhalten ist damit noch nicht aufgebaut. Durch die Bestrafung entsteht keinesfalls die notwendige Einsicht. Ganz abgesehen davon kann es sein, daß durch Strafen und Verbote starker Widerstand geweckt wird. Dann geraten die ADS-Kinder mit den Erwachsenen in ernsthafte Auseinandersetzungen, die sehr schnell ermüden und selbst auch aggressiv machen.

Eltern müssen lernen, erwünschtes Verhalten eher über positive Bekräftigungen – also über Lob – in kleinen Schritten aufzubauen.

Immer wieder fragen die Eltern, ob zuviel Lob dem Kind nicht schade. Im Umgang mit ADS-Kindern konnte das jedoch noch nie beobachtet werden. Die Mehrzahl von ihnen blüht unter Lob auf und reagiert besonders positiv auch auf kleine materielle Zuwendungen. Geht man so vor, ist es viel wahrscheinlicher, daß ein Kind erwünschtes Verhalten praktiziert.

In Elterntrainings wurde ermittelt, welche Reaktionen Eltern auf die Schulleistungen ihrer Kinder zeigen. Die Mutter sollte sich vorstellen, das Kind kommt mit einer Drei im Fach Deutsch nach Hause. Sonst hat es immer Vieren und Fünfen geschrieben. Heute hat es eine Drei. Wie reagiert die Mutter? Die ganz große Mehrzahl der Kinder berichtet, daß die Mütter sie für die Drei loben, und daß sie sich auch über die Drei freuen. Gleichzeitig schränken sie das Lob ein, weil die Mutter zwar etwas Positives sagt, aber im gleichen Atemzug fragt, was das Nachbarskind für eine Note habe. Besonders aufbauend ist natürlich das uneingeschränkte Lob. Das Nachbarskind oder andere Kinder sollten den Eltern eigentlich egal sein.

Die Eltern kennen sich oft besser mit den negativen Verhaltensweisen ihrer ADS-Kinder aus. In Elterntrainings werden sie zu Beginn oft aufgefordert, anderen Eltern ihr eigenes Kind vorzustellen, aber nur Verhaltensweisen zu nennen, die sie an ihrem Kind besonders mögen, und auf die Beschreibung negativer Dinge völlig zu verzichten. Eine Reihe von Eltern wird ganz verlegen. Sie müssen lange überlegen, bis ihnen etwas Positives zu ihrem Kind einfällt, manchmal sind sie hierzu nicht in der Lage. Die Probleme des Kindes können sie stundenlang beschreiben, aber das, was das Kind gut macht, haben sie scheinbar aus den Augen verloren.

Für die Eltern gilt: Verhalten, das sie belohnen, wird in aller Regel von ihrem Kind wiederholt.

Dabei gibt es zunächst einmal **soziale Belohnungen** wie: Anlächeln, Streicheln, einen Kuß geben, Umarmen, gemeinsam spielen, ins Schwimmbad gehen, Kinobesuch, einen Ausflug machen, das Verhalten positiv beschreiben, ein ausdrückliches Lob formulieren etc.

Daneben existieren natürlich auch **materielle Belohnungen**, die aus kleinen Geschenken, Geld etc. bestehen.

Bevorzugt werden oft Süßigkeiten. Sie eignen sich allerdings bei vielen Kindern nicht als Belohnung, weil hier schnell eine Sättigung erreicht wird und auch ein Teil der ADS-Kinder bei Süßigkeiten eher »aufdreht«.

Wichtig ist, daß erwünschtes Verhalten sofort nach seinem Auftreten belohnt wird. Das bedeutet, wenn man beobachtet, das Kind kommt einer Anweisung sofort nach, formuliert man ein positives Lob. Wenn man also beispielsweise beobachtet: Das Kind holt seine Schultasche und setzt sich ruhig an den Tisch, packt seine Bücher aus und beginnt mit den Hausaufgaben, sollte hier sofort ein Lob folgen, indem man sagt: »So machst du das jetzt gut. Ich bin mit dir sehr zufrieden.«

Auch Versprechungen müssen sofort eingelöst und dürfen nicht auf die lange Bank geschoben werden. Besteht die Belohnung in einem Kinobesuch, der in Kürze stattfinden soll, bedeutet dies nicht, daß man erst nach einem halben Jahr endlich einen passenden Film ausgewählt hat.

Bei ADS-Kindern können Eltern es sich zum Prinzip machen, kleinere Verhaltensauffälligkeiten zu ignorieren und nicht immer jegliches »Mißverhalten« zu kommentieren.

Schimpfen, Ermahnen, Kritisieren, Nörgeln, Vorwürfe machen, »Predigten halten« bewirken oft, daß unerwünschtes Verhalten eher beibehalten wird. Das Ignorieren hat den Vorteil, daß auch hier ein Verhalten im Lauf der Zeit nicht mehr auftritt, weil es nicht beachtet wird.

Vermutlich sagen jeden Morgen Millionen Mütter zu ihren Schulkindern: »Paß heute bitte gut auf!« Nur ganz selten zeigt der Wunsch der Mutter in der Schule besondere Effekte. Bei den unruhigeren Kindern sagt die Mutter: »Benimm dich heute gut.« Dahinter steht ihre Angst, daß es heute wieder im Unterricht etwas anstellt. Bei manchen Kindern zeigt die Ermahnung einen gegenteiligen Effekt. Die Mutter sagt also: »Benimm dich heute gut.«

Und das Kind denkt: »Jetzt hätte ich doch beinahe meine Wasserpistole vergessen. Gut, daß sie mich noch erinnert hat.«

Theoretisch ist den meisten Eltern klar, daß ständiges Nörgeln, Ermahnen und Schimpfen zu nichts führt, keinesfalls jedoch zu einem besseren Verhalten. Auf jeden Fall aber – egal wie viele Konflikte im Lauf des Tages abliefen – sollte vor dem Einschlafen des Kindes alles geregelt und vergeben sein, damit es am nächsten Tag neu beginnen kann. Der neue Tag muß so anfangen, daß positives Verhalten sofort nach dem Aufwachen möglich ist und nicht alles noch von alten Konflikten überschattet wird.

Manchmal aber kommen Eltern nicht um eine Bestrafung herum. Eine materielle Bestrafung kann beinhalten, daß Vergünstigungen entzogen werden und das Kind an einer Wiedergutmachung beteiligt wird. Dabei sollte vor allem auf die Wiedergutmachung immer Wert gelegt werden.

Sinnloses Bestrafen führt zu aggressivem Verhalten: Kinder, die von ihren Eltern geschlagen werden, schlagen andere weiter. Manche Eltern diskutieren stundenlang über den sogenannten »pädagogischen Klaps«. Dabei haben viele die Grundeinstellung, daß eine Tracht Prügel noch keinem Kind geschadet hat und daß der »pädagogische Klaps« sozusagen mit zum Erziehungsrepertoire gehört. Die schnelle Ohrfeige erfolgt im Affekt. In diesem Moment ist die Mutter in ihrer Wut nicht in der Lage, zu reflektieren, ob die Ohrfeige angemessen ist oder nicht.

Der kurzfristige Liebesentzug in Form von Ignorieren erzielt bei der Mehrzahl der Kinder mehr Wirkung.

Auch wenn ADS-Kinder eindeutig mehr positive Bekräftigungen als Strafe benötigen, kann es notwendig sein, eine Ermahnung auszusprechen. Untersuchungen haben gezeigt, daß der korrekte Gebrauch einer kurzen Ermahnung durchaus sehr effektiv sein kann (Abramowitz, A. & Leary, S. G. 1991). Bevor man die Ermahnung ausspricht, sorgt man für Blickkontakt. Bei jüngeren Kindern kann man die Schultern berühren und sie leicht zu einem hindrehen. Wichtig ist, das Kind hört tatsächlich auch in diesem Moment zu. Bei der Ermahnung ist darauf zu achten, daß persönliche Kritik vermieden wird. Man sagt nicht: »Du bist ungezogen« sondern das unerwünschte Verhalten wird genau beschrieben: »Hör bitte auf, deinen Bruder unter dem Tisch zu treten, rutsch ein bißchen zurück und iß bitte jetzt weiter.«

Ermahnungen sollten in ihrer Formulierung kurz gehalten und sprachlich für das Kind verständlich sein. Sie orientieren sich am Alter des Kindes.

Keinesfalls werden sie

1. ungenau,
2. unübersichtlich,
3. in Frageform,
4. in Wir-Form,
5. und als unverbindliche Bitte formuliert.

Bei ungenauen Ermahnungen weiß das Kind nicht genau, was es tun soll. Bei einem jüngeren Kind kann die Aufforderung »Räume dein Spielzeug auf« bewirken, daß es nicht anfangen kann, weil es noch nicht gelernt hat, wie man aufräumt. Es wäre günstiger zu sagen »Räume dein Spielzeug auf. Ich möchte gern, daß du die Legosteine in diese Box tust und die Autos in die Schublade, und danach stellst du die Box auf das Regal. In zehn Minuten werde ich zurück sein.«

Anweisungen, die zu viele Informationen enthalten, führen oft auch nicht zum gewünschten Erfolg, zum Beispiel: »Ich möchte gern, daß du jetzt dein Spielzeug wegräumst. Mach auch nicht wieder dieselbe Unordnung wie sonst und laß nicht wieder Sachen liegen, die ich dann selbst aufräumen muß. Komm auch nicht vorher aus deinem Zimmer, bevor du alles getan hast. Ich hab dir jetzt schon alles dreimal erklärt, das ist jetzt wirklich endgültig die letzte Warnung.«

Auch Fragen von der Art »Willst du jetzt dein Spielzeug aufräumen, ja oder nein?« sind strikt zu vermeiden. Kind: »Nein.« »Warum bist du so böse, warum machst du das jetzt?« Kind: »Weiß ich nicht.« Das Kind hat jetzt den Überblick verloren über das, was es tun soll – die Eltern vermutlich auch.

Sätze, die mit »wir wollen« gebildet werden, sind ungünstig, weil sie nicht stimmen: »Wir wollen jetzt aber aufräumen«. Man kann sie eigentlich nur benutzen, wenn man mit dem Kind aufräumen will, sonst aber ist die Wir-Form unangemessen. Auch zu sagen »Wir wollen unsere Zähne jetzt putzen« oder »Wir wollen uns anziehen« führen das Kind irre, denn gemeint ist etwas anderes. Gemeint ist: »Putz die Zähne!« oder »Räum auf!« etc. Wenn man dem Kind helfen möchte, kann man dies natürlich zum Ausdruck bringen: »Bitte räum dein Zimmer auf. Wenn du Hilfe brauchst, ruf mich.«

Eine Anweisung als Bitte zu formulieren, führt zu einer Vermischung von beidem.

»Ich wäre sehr dankbar, wenn du jetzt endlich anfängst, aufzuräumen.« Das Aufräumen ist selbstverständlich, und die Bitte ist hier unangemessen.

Das Time-out

Auch Eltern haben natürlich die Möglichkeit, ein »Time-out« durchzuführen. Das bedeutet, sie trennen sich für einen bestimmten Zeitraum von dem Kind.

Günstig ist es, das »Time-out« so wie in der Schule zu gestalten, also drei Ermahnungen auszusprechen. Man beginnt bei der Eins. Sie entspricht sozusagen der gelben Karte im Fußball. Es folgt die Zwei. Das ist die rote Karte im Fußball. Und dann kommt die Drei. Die Drei bedeutet, das Kind verläßt den Raum und hält sich in seinem Zimmer auf, und zwar so lange, bis es sich beruhigt hat. Erst dann kommt es wieder zurück. Hat es sich aber immer noch nicht beruhigt, bekommt es die Ermahnung »4«. Sie bedeutet, daß es für einen bestimmten Zeitraum, den die Mutter festlegt, in seinem Zimmer bleiben muß und nicht an den Aktivitäten der Familie teilnehmen darf.

Das »Time-out« entschärft in der Familie oft Konflikte. Man redet nicht ständig über das Fehlverhalten des Kindes. Man macht sich zum Grundsatz, auch das Time-out nicht fortwährend neu begründen zu müssen.

Wenn ein Kind weiß, daß es beim Essen seinen jüngeren Bruder oder Schwester nicht unter dem Tisch treten darf, braucht man dies nicht bei jeder Mahlzeit neu zu erklären. Einmal erläutert und begründet, ist völlig ausreichend. Tritt es dann, erhält es die »1« – bzw. die gelbe Karte etc.

Wird in der Familie mit dem »Time-out« gearbeitet, gibt es hier keine Kompromisse, auch wenn ein chinesisches Sprichwort lautet:

»Erziehung heißt: Liebe, Liebe, Liebe und Vorbild, Vorbild, Vorbild.«

Kevin neigt dazu, Wutanfälle zu bekommen. Manchmal zerstört er dabei auch sein Spielzeug. Seine Eltern haben für ihn einen Time-out-Stuhl eingerichtet. Sie haben ihm genau erklärt, wozu er benötigt wird. Der Stuhl steht in einer ruhigen Ecke der Wohnung. Spielzeug und Fernseher sind nicht in der Nähe.

- Wenn Kevin einen Wutanfall hat, dann zählen sie »eins«, machen eine Pause von mehreren Sekunden und beobachten, ob ihr Kind aufhört.
- Wenn nein, sagen sie ruhig und bestimmt »zwei«. Dabei schreien sie nicht und sind auch nicht wütend.
- Schreit das Kind immer noch wütend, kommt die »drei«. Sie schicken bzw. führen es zu dem Time-out-Stuhl und erläutern: »Ich habe dir gesagt, hör auf zu schreien. Setz dich nun auf den Stuhl, bis ich dir sage, daß du wieder aufstehen kannst.« Das Kind setzt sich auf den Stuhl, und sie gehen weg.
  Sie warten so lange, bis der Wutanfall vorüber ist. (Dauer: etwa eine Minute pro Lebensjahr). Kevin ist neun Jahre alt, er muß in der Regel etwa zehn Minuten sitzen. Wenn Kevin nicht mehr schreit, kann er den Stuhl verlassen.
- Schreit er immer noch, bleibt er auf dem Stuhl.
- Nach dem Wutanfall gehen sie zur Tagesordnung über. Nichts wird nachträglich kommentiert oder besprochen.
- Fängt er wieder an zu schreien, setzen sie ihn zurück auf den Stuhl und sagen: »Ich habe dir schon gesagt, laß das Schreien. Du sitzt jetzt auf dem Stuhl, bis ich dir sage, daß du aufstehen kannst«. Dann gehen sie weg und ignorieren das Kind.
- Sie wiederholen dies so oft wie notwendig.

Am Anfang haben sie das Time-out in dieser Form mehrfach praktiziert. Heute hat Kevin seit über einem halben Jahr keinen richtigen Wutanfall mehr gehabt. Er hat gelernt, mit seiner Wut umzugehen. Seine Eltern haben ihm versprochen, wenn er ein Jahr durchhält, bekommt er als Belohnung ein neues Fahrrad zum Geburtstag, weil er insgesamt viel »pflegeleichter« geworden ist.

Arbeit mit Verstärkerplänen

Auch in der Familie ist der Einsatz von Verstärkerplänen denkbar und hat sich schon oft bewährt.

Dabei geht man folgendermaßen vor:

- Legen Sie mit Ihrem Kind zusammen fest, was Sie von ihm erwarten. Dies muß so formuliert sein, daß es völlig unmißverständlich ist. Ein Satz wie »Ich benehme mich gut« wäre hier z. B. ungeeignet, weil das Kind nicht genau weiß, was denn nun gutes Benehmen ist. Man wählt ausschließlich eine einzige Verhaltensweise aus – wie z. B.: »Ich packe täglich meinen Ranzen.« »Ich putze abends die Zähne.«

- Achten Sie auf eine positive Formulierung. Meistens wissen nämlich die Kinder sehr genau, was sie nicht tun wollen, aber es ist ihnen oft noch unklar, was statt dessen von ihnen erwartet wird.

- Jetzt legen Sie einen Verstärkerplan an. Schreiben Sie den Namen des Kindes darauf und notieren Sie die formulierte Vereinbarung. Dies erfolgt auch dann, wenn das Kind weder lesen noch schreiben kann. Kinder, die schon schreiben können, tun dies natürlich selbst.

- Das Kind muß damit einverstanden sein, das Verhalten in den nächsten Tagen zu trainieren.

- Hält sich das Kind an die Vereinbarung, bekommt es eine Belohnung. Die Belohnung besteht in der Regel aus einem Punktesystem, das man vorher vereinbart hat. Wenn das Kind z. B. seine Schultasche aufgeräumt hat, ohne daß die Mutter helfen mußte, erhält es drei Punkte. Wenn es z. B. zwölf Punkte hat, bekommt es eine kleine Belohnung.

- Worin diese Belohnung besteht, sollte vorher vereinbart werden.

- Hat das Kind genügend Punkte, kann es bei den Eltern die Belohnung abholen.

- Die Belohnung kann aus einem kleinen materiellen Preis bestehen, Dinge, die das Kind gerade begehrt.

- Hat es seinen Ranzen nicht gepackt, erhält es auch keine Punkte. Hat es die Schultasche eingeräumt, sich aber an diesem Nachmittag besonders heftig mit seinem Geschwister gestritten, erhält es die vereinbarte Belohnung trotzdem. Denn es hat die Vereinbarung, die Schultasche zu packen, eingehalten.

■ Es muß den vereinbarten Preis in absehbarer Zeit erreichen. Oft genügt es schon, wenn das Verhalten zwei- bis
dreimal mit einem Verstärkerplan eingeübt wurde, dann
praktiziert es das Kind auch ohne Belohnung, und man
kann sich dem Training einer anderen Verhaltensweise
zuwenden.

Natürlich kann man nicht alle Verhaltensweisen, die im
Laufe eines Tages zu korrigieren sind, mit einem Verstärkerplan trainieren. Grundsätzlich wird immer nur eine einzige
Verhaltensweise trainiert.
Die Arbeit mit Verstärkerplänen garantiert aber keinen
hundertprozentigen Erfolg. Setzt man den Verstärkerplan
ab, tritt das Verhalten unter Umständen oft wieder auf,
jedoch nicht mehr so häufig. Dies bedeutet, das Kind, um
bei unserem Beispiel zu bleiben, wird meistens seine Tasche
packen. Gelegentlich aber muß es dann doch ermahnt
werden.
In der Diskussion mit Eltern berichten sie oft, daß sie eigentlich schon alles versucht haben. Erläutert man ihnen den
Verstärkerplan, bekommt man ebenfalls zur Antwort »Auch
das habe ich schon probiert. Bei meinem Kind hat es nichts
genutzt.« Gleichgültig, welche Vorschläge gemacht werden,
die Eltern bringen immer neue Argumente, warum es bei
ihnen nicht klappt.
Ganz abgesehen davon, daß sie natürlich selbst Vorschläge
erarbeiten sollten und nicht nur erwarten, daß andere ihnen
sagen, was sie zu tun und zu lassen haben.
Funktioniert ein Verstärkerplan nicht, hat in der Regel der
Trainer etwas falsch gemacht beziehungsweise Bedingungen
nicht beachtet. So kann es sein, daß der Zeitraum, in dem das
Kind die vereinbarte Punktzahl erreicht, zu lang ist. Wenn
es beispielsweise zwei Monate lang seine Tasche packen muß,
bis es eine kleine Belohnung erhält, ist es wenig wahrscheinlich, daß es dies tut. Auch unklare Anweisungen, wenig
attraktive kleine Belohnungen und inkonsequentes Verhalten der Eltern können dazu führen, daß Verstärkerpläne
nicht den erhofften Erfolg zeigen.

VERSTÄRKERPLAN

Name: _____   Vorname: _____

_____

_____

_____

_____   _____
Unterschrift   Unterschrift

Abbildung 11: *Verstärkerplan 2*

Die Medikation

Auf Rat des Odysseus erbauten die Griechen ein riesiges hölzernes Pferd, in dem sich einige griechische Krieger versteckten. Die anderen segelten scheinbar nach Hause. Als die Trojaner ihre Stadt verließen, erzählte ihnen ein Grieche, der zurückgeblieben war, das Pferd sei ein Weihgeschenk für Athene. Die Trojaner glaubten der Lüge und zogen das Pferd in die Stadt, um ihren Sieg zu feiern. Nur die Seherin Kassandra warnte, doch niemand hörte auf sie; obwohl sie die Sehergabe hatte, war sie von Apollo dazu verdammt, daß niemand ihren Weissagungen glaubte. In der Nacht verließen die Griechen das Pferd, öffneten für ihre Gefährten die Tore der Stadt und besiegten die Trojaner.

In der Diskussion um die Medikation für ADS-Kinder und Jugendliche hat man immer wieder das Gefühl, in die Situation der Kassandra zu geraten, wenn man eine zurückhaltende Position einnimmt. Die Medikation scheint in gewisser Weise mit dem »trojanischen Pferd« vergleichbar, und keiner weiß heute genau, als was sich das Pferd einmal entpuppen wird. Hyperaktivität, Aufmerksamkeitsstörungen, aber auch aggressives Verhalten wurden in der Vergangenheit mit den unterschiedlichsten Medikamenten, aber meistens mit den sogenannten Stimulanzien behandelt. Sie haben vor allem bei Kindern eine sedierende und beruhigende Wirkung. Dazu gehören insbesondere Amphetamine und Abkömmlinge davon. Das aus dieser Gruppe am häufigsten eingesetzte Medikament ist Ritalin®; der Name der Wirksubstanz lautet Methylphenidat. Weitere Psychopharmaka, die in der ADS-Therapie bei Kindern und Erwachsenen verwendet werden, sind die Substanzen Amphetamin, Methylphenidat, Fenetyllin und die dazugehörigen Produkte wie Captagon® und einige andere mehr (Dexedrine®, dl-Amphetaminsulfat®,

Cylert®, Adderall®, Wellbutrin®, die in den Vereinigten Staaten, aber nicht in Deutschland erhältlich sind.)

Zur Vorgeschichte

Bereits 1937 veröffentlichte Charles Bradley Untersuchungen an Kindern, die er gegen Hyperaktivität, Konzentrationsstörungen und auch gegen Lernschwierigkeiten mit einem Amphetaminabkömmling, der Substanz Benzedrine, behandelte. Er stellte fest, daß die Kinder in hohem Maße auf die Stimulantien ansprachen. Seine Beobachtungen waren, daß Amphetamine offensichtlich einen beruhigenden Effekt auf Kinder haben, während sie sich ja auf Erwachsene stimulierend auswirken.

Seine Beobachtungen fanden jahrelang keine Beachtung, auch wenn die Wirkung der Amphetamine insgesamt aufgrund ihrer stimulierenden Wirkung weiterhin erforscht wurde. So nahmen beispielsweise die Soldaten Rommels bei ihrem Afrikafeldzug Amphetamine, um ihre Widerstandsfähigkeit zu erhöhen.

In den sechziger Jahren schließlich wandte sich die Forschung im Rahmen der medikamentösen Behandlung von hyperaktiven Kindern wieder stärker den Amphetaminen zu. Und zwar richtete sich die Aufmerksamkeit auf Stimulantien wie Dexedrine® (Dextroamphetamin) und Ritalin® (Methylphenidat). Sie schienen Kindern mit hyperaktiven Verhaltens- und Konzentrationsstörungen hervorragend zu helfen und hatten weniger Nebenwirkungen als die Benzedrine.

In den Vereinigten Staaten führte die erneute Entdeckung der Stimulantien zu einem wahrhaften Boom. So berichtete die *Washington Post*, daß in Omaha, Nebraska, eine große Zahl von Schülern unter Medikation gestellt würde, sobald sie sozusagen nur ein »wenig mit den Augen blinzelten«. Von den amerikanischen Schulen würde der Einsatz von Stimulantien eher unterstützt als kritisch durchleuchtet. Viele Medien griffen das Problem auf, und die Entwicklung führte zu Artikeln wie »Pills for Learning« (Pillen, die das Lernen möglich machen) und »Drug Abuse – just what the doctor ordered« (Drogenmißbrauch – was uns der Doktor verschreibt).

Inzwischen hat sich die Diskussion längst wieder versachlicht, allerdings haben in den letzten Jahren die kritischen Stimmen in den Vereinigten Staaten eher zugenommen. Sie kritisieren vor allem die sehr hohe Zunahme der Einnahme von Stimulanzien in der Altersgruppe von zweieinhalb bis vier Jahren. Hier hat sich die Gabe von Stimulanzien in den letzten beiden Jahren um 40 Prozent erhöht.

Ritalin® und andere Stimulanzien

Unter allen Stimulanzien erlangte schließlich Ritalin® die größte Akzeptanz, weil es kein Amphetamin ist. Amphetamine wurden sehr schnell mit Mißbrauch in Zusammenhang gebracht. Grund für die zunehmende Popularität von Ritalin® war außerdem, daß es schnell wirksam ist und offenbar keine schweren Nebenwirkungen zeigt.

So schätzt man, daß sich bei 60 bis 90 % aller Kinder Aufmerksamkeitsstörungen, Verhaltensprobleme und Schulschwierigkeiten durch Ritalin® zumindest etwas verbessern. Die Nebenwirkungen bestehen in der Hauptsache in Appetitlosigkeit und in Schlaflosigkeit.

Eine vermutete Zunahme von Tics im Lauf der Therapie mit Stimulanzien wurde in weiteren Studien nicht bestätigt. Zunächst wurde fälschlich angenommen, daß ein Kind hyperaktiv sei, wenn Ritalin® Wirkung zeigt. Untersuchungen haben aber deutlich gemacht, daß Stimulanzien auf normale Kinder die gleichen Auswirkungen besitzen.

Auch bei Erwachsenen nimmt zur Zeit die Einnahme von Ritalin® zu, in den letzten Jahren bestätigt durch eine Steigerung von 30 bis 40 Prozent. Dies wirft die Frage nach der Diagnose von ADS bei Erwachsenen auf, aber auch die Frage des Mißbrauches.

Natürlich ist Ritalin® keine Tablette, die Kinder klüger macht. Die Medikation führt dazu, daß sich die motorische Unruhe

verringert, die Impulsivität nachläßt und die Konzentrationsspanne größer wird. Auch Auswirkungen auf die Feinmotorik
sind beobachtbar. Das Kind schreibt leserlicher, wenn auch
nicht besser, was die Rechtschreibung betrifft. Ritalin® zeigt
bereits nach etwa 30 Minuten Wirkung. Die beste Wirkung
erfolgt etwa nach zwei Stunden, und die Wirkungsdauer
insgesamt liegt bei vier Stunden. Von der Dosis her wird bei
Ritalin® 0,3 mg pro Kilogramm des Gewichtes des Kindes
angesetzt. Dies kann bis auf 0,8 mg erhöht werden. Wenn das
Kind beispielsweise ca. 20 kg wiegt, wird eine Dosis von 6
bis 16 mg gegeben. Ritalin® wird in Tabletten von 5, 10 und
20 mg produziert. Inzwischen gibt es zusätzlich Ritalin
SR® (20 mg), das eine Wirkungsdauer von 6-8 Stunden haben
soll.

Wirkungen und Nebenwirkungen

Jedes Medikament zeigt Nebenwirkungen. Stimulanzien wie
Ritalin® gelten als nebenwirkungsarm. Die beiden Haupt-
nebenwirkungen sind, wie erwähnt, Appetitlosigkeit und
Schlaflosigkeit. Das Problem der Appetitlosigkeit ist bei der
Medikation schwer zu lösen. Im Bezug auf die Schlaflosigkeit
sollte nach 16.00 Uhr keine Medikation mehr erfolgen.
Oft machen sich die Eltern wegen der Appetitlosigkeit während der Medikation Sorgen. Sie befürchten, daß Ritalin® zu
einem permanenten Gewichtsverlust führen kann, was für
die im Wachstum befindlichen Kinder ein Problem darstellt.
Diese Fragestellung ist häufig untersucht worden. Sie tritt
aber in der Realität sehr selten auf. Regelrechte Wachstums-
störungen kommen nur vereinzelt vor.
Allerdings empfehlen manche Ärzte, in den Ferien die Medikation auszusetzen, damit sich das Gewicht des Kindes etwas
stabilisieren kann.
Zu hohe Dosen können zu größerer Nervosität, stärkerem
Herzschlag und auch zu Kopfschmerzen führen. Insgesamt
können durch die vorliegenden Studien zur Zeit keine
schwerwiegenden Schädigungen nachgewiesen werden. Stu-

dien zu den Langzeitwirkungen von Stimulanzien auch in bezug auf die Leistungsfähigkeit in der Schule stehen noch aus.

Manche Ratgeber empfehlen, sich mit dem Arzt zu beraten, damit man durch die auf dem Beipackzettel von Ritalin® angegebenen Nebenwirkungen »nicht erschreckt« wird. Hier werden die folgenden Nebenwirkungen für möglich gehalten:

Haut:	a)	• Schwitzen (Erwachsene häufig)	
	b)	• Hautausschläge	• angioneurotische Ödeme (Kinder)
	c)	• Urtikaria (Juckreiz)	
Nervensystem	d)	• Erhöhung der Krampfbereitschaft	
	e)	• Schlaflosigkeit • Kopfschmerzen	• Schwindel
	f)	• Psychomotorische Erregungszustände (Unruhe, Übererregbarkeit, Aggressivität)	
	g)	• Müdigkeit • Traurigkeit	• Ängstlichkeit • Weinerlichkeit
	h)	• Hypersensivitätsphänomene (wie Kribbelgefühl) • Orofaziale Dyskinesien (unwillkürliche und ungezielte Bewegungen im Mund- und Gesichtsbereich – z. B. Grimassieren etc.) (Kinder)	
	i)	• Konzentrationsmangel (Erwachsene häufig) • vermehrtes Träumen (Erwachsene gelegentlich) • Verfolgungsideen • Angst	• Geräuschempfindlichkeit
	j)	• Psychotische Reaktionen (speziell paranoid halluzinatorischer Art)	
	k)	• Schizophrene Psychosen (bei chronischer Anwendung in hohen Dosen und bei Mißbrauch)	
	l)	• Auslösung von Tics und Verhaltensstereotypien	
	m)	• Gefahr der psychischen Abhängigkeit (bei Langzeitbehandlungen in hohen Dosen) • Entzugssyndrome (beim abrupten Absetzen nach Langzeitbehandlungen)	
Gastrointesti- naltrakt (Verdauungs- trakt):	n	• Stomatitis (Entzündungen im Rachenbereich) (Erwachsene gelegentlich)	
	o)	• Mundtrockenheit • Obstipation (Verstopfung) • Diarrhö (Durchfall)	• Appetitlosigkeit • Magenschmerzen
Herz, Kreislauf:	p)	• Herzklopfen	• Herzjagen
	q)	• von den Herzkammern ausgehende Rhythmusstörungen (Erwachsene häufig)	
	r)	• Schmerzen und Druckgefühl im Bereich des linken Brustkorbs (Erwachsene häufig)	
	s)	• Bluthochdruck	
Blut:	t)	• Thrombozytopenie (Mangel an Blutplättchen)	
Sonstiges:	u)	Rebound Phänomene (Auftreten) beim plötzlichen Absetzen: • Heißhunger • Kreislaufregulationsstörungen • Depressionen	• Dysphorie (Stimmungsschwankungen) • Erhöhtes Schlafbedürfnis

Abbildung 12: *Nebenwirkungen von Ritalin®*

Neben Ritalin® werden unter anderem auch Captagon® oder dl-**Amphetaminsulfat**® eingesetzt.
Als wesentlich für medikamentöse Therapie gelten:
- die Übersichtlichkeit der Dosierung
- die zeitliche Dauer
- die Einbeziehung des Kindes in die Behandlung
- eine umfassende Information der Eltern

Bei Langzeitgabe ist immer wieder beobachtbar, daß Kinder beginnen, die Medikation abzulehnen. Ihre Bereitschaft, das Medikament zu nehmen, läßt auffällig nach. Bei Untersuchungen dazu wurde festgestellt, daß etwa 20 Prozent der Kinder die Therapie hintertreiben. 80 Prozent der Eltern waren über das Medikament schlecht informiert und aufgeklärt. Oft kannten sie den Namen des Medikaments überhaupt nicht (Krowatschek, 1997).
Therapeuten weisen daraufhin, daß Stimulanzien auf das Denken und die Denkprozesse teilweise auch subtile Wirkungen zeigen. So scheinen sie das kreative Denken eher einzuschränken. Das Kind wirkt ruhig, verhält sich aber eher apathisch, zeigt nicht mehr viel Interesse und kann Angebote, etwas zu unternehmen, nur schwer annehmen. Oft beschreiben gerade Mütter von jüngeren Kindern, daß sich ihr Kind unter der Medikation »ängstlicher« als vorher verhalte. Es zeige Verhaltensweisen, die sie vorher bei ihm nicht beobachten konnten. Eine Mutter hat dies so zusammengefaßt: »Das ist nicht mein Kind. Er ist ängstlich und traut sich nichts mehr zu.«
In diesem Zusammenhang beobachten Eltern, daß bei Absetzen der Stimulanzien die Kinder oft hyperaktiver sind als vorher. Dieser Effekt wird als »Rebound« (Zurückfallen) bezeichnet. Eltern berichten, daß ihr Kind dann in eine tiefe »Talsohle« fällt.
Erhält nun ein Kind diese Medikation, ist grundsätzlich zu überprüfen, ob das Medikament überhaupt eine Wirkung zeigt oder ob nur Erwartungen aus der Umgebung des Kindes befriedigt werden. Im schulischen Bereich konnte immer wieder beobachtet werden, daß allein durch die Tatsache der

Medikation Lehrkräfte schon Verbesserungen bemerkt zu haben schienen. Es wird geschätzt, daß bei Verabreichung eines Placebos (Leerpräparat) bei 20 Prozent der Kinder zumindest kurzfristig eine Verbesserung eintritt, die der Verbesserung bei Medikation mit Stimulanzien entspricht.

Andreas war ein lebhafter und außerordentlich intelligenter, flexibler Junge. In der Schule störte er häufig, vor allem aber deshalb, weil er oft unterfordert war. Seine Eltern hatten große Bedenken, ob er jemals das Gymnasium besuchen könnte. Sie drängten immer wieder auf eine Medikation und wiesen darauf hin, daß ihr Kind ADS habe. Dies konnte in der Diagnose nicht eindeutig bestätigt werden. Trotzdem waren die Eltern, aber auch die Lehrerin überzeugt, daß der Junge sich bei entsprechender Medikation entwickeln würde. Schließlich erhielt er ein Placebo. Es war vom Aussehen her einem traditionellen Medikament täuschend ähnlich, enthielt aber nichts anderes als Traubenzucker. Er nahm nun morgens eine Tablette, und nach sechs Wochen wurde die Lehrkraft befragt, welchen Leistungsstand Andreas in der Schule habe. Nach Auskunft der Lehrkraft zeigte sich überraschenderweise eine starke Verbesserung. Die Lehrerin schlug sogar zusätzlich vor, daß es vielleicht günstig sei, ihm mittags auch noch eine Tablette zu geben, damit auch die Hausaufgaben in Zukunft besser ausgeführt werden könnten. Er erhielt auch die zweite Tablette. Nach dem Schuljahr wurde er für das Gymnasium empfohlen. Inzwischen hat er das Abitur bestanden und studiert Medizin.

Erwachsene können sehr gut darlegen, welche Effekte eine Medikation auf sie selbst hat. Dabei achten sie ziemlich genau auf jegliche Nebenwirkung. Wenn es darum geht, daß ein Kind ein Psychopharmakon erhält, läßt sich in der Praxis leider weniger Zurückhaltung verzeichnen. Zwar fragen die Eltern, was sie statt der Medikamente unternehmen können, greifen dann aber oft doch lieber zu den Tabletten für ihr Kind.

Pro und contra Ritalin®

■ Ritalin® verbessert kurzfristig die Konzentration und verringert motorische Aktivitäten sowie impulsives Verhalten. Für eine kurze Zeit erhöht es die Fügsamkeit des Kindes: Trotz und Aggressivität treten verringert auf. Die Interaktion mit den Familienmitgliedern und den Gleichaltrigen verläuft besser.

■ Es hat keine »paradoxe« Wirkung auf Kinder – mit oder ohne ADS. Vielmehr reagiert jeder gleichermaßen auf Ritalin®, allerdings in unterschiedlich starker Ausprägung.

■ Komplexe Fähigkeiten wie Lesen, Rechtschreiben, Sozialverhalten etc. werden unter Ritalin® nicht verbessert. Starke seelische Probleme können mit Ritalin® nicht gemindert werden. Komplexe Lernstörungen können nicht korrigiert werden. Ritalin® bewirkt kurzfristige Verbesserungen bei der Bearbeitung von Klassenarbeiten: es erhöht die körperliche Leistungsfähigkeit, das Durchhaltevermögen und die Bearbeitungsgeschwindigkeit. Die Verbesserungen treten auf, solange das Kind das Medikament nimmt.

■ Es gibt keine Hinweise darauf, daß bei Kindern, die Ritalin® nehmen, langfristige Verbesserungen erreicht werden.

■ Weder Verbesserungen in der Schule noch Verringerungen des dissozialen Verhaltens können einzig und allein auf die Wirkung von Ritalin® zurückgeführt werden. Die Auswirkungen auf Lernen und Leistungen sind nicht so groß wie oft erwartet.

■ Die unerwünschten Nebenwirkungen von Ritalin® sind gemeinhin Eß- und Schlafstörungen. Negative Auswirkungen auf die Denkleistungen sind möglich. Das Kind interessiert sich für nichts mehr, seine Kreativität verringert sich, und sein Selbstbild leidet. Motorische und verbale Tics sind gelegentlich – auch nach dem Absetzen von Ritalin® – beobachtbar.

■ Es gibt keine neurologischen, physiologischen oder biochemischen Methoden, um die Reaktion auf Ritalin® vorherzusagen, geschweige denn festlegen zu können.

Drogenabhängigkeit?

Eltern machen sich immer wieder Sorgen darüber, ob die Gabe von Stimulanzien nicht später dazu führen könnte, daß ihr Kind leichter Drogen nimmt. Zur Zeit werden diese Bedenken von der Hand gewiesen.
Eine Studie aus Berlin hat ergeben, daß Jugendliche, die als Kinder Stimulanzien erhielten, später weniger häufig zu Drogen griffen als andere Jugendliche. Einschränkend soll jedoch darauf hingewiesen werden, daß es eine große Langzeitstudie in den Vereinigten Staaten gibt, die sogenannte »Lamberth-Studie«. Hier warnt die Autorin eindringlich vor dem Zusammenhang zwischen Einnahme von Stimulanzien und der Gefahr von Drogenabhängigkeit bei Jugendlichen. Es wurden 500 Klienten über 26 Jahre untersucht. Der Studie wird jedoch angelastet, daß sie einen methodischen Fehler hat: Die für jede seriöse Studie notwendige Vergleichsgruppe sind hier Kinder, die hyperaktiv sind und keine Medikation erhielten, sondern eine Gruppe völlig unauffälliger Kinder.
Auch der Autor Richard DeGrandpre legt in seinem Buch »Ritalin Nation« Untersuchungen vor, die zeigen, daß Ritalin® zerstoßen und geschnupft unter amerikanischen Schülern immer beliebter wird.

Konsequenzen

Kinderärzte, Psychologen, Lehrkräfte und Eltern haben das Problem, eine endgültige Position zu den Stimulanzien zu finden. Man tut sich schwer darin, zu beurteilen, ob Ritalin® zu häufig verschrieben wird oder nicht. Wahrscheinlich ist die Frage auch gar nicht in dieser Form zu stellen.
Wogegen man sich eindeutig wehren muß, ist die Tatsache, daß Ritalin® und andere Stimulanzien als das wichtigste und einzige Behandlungsmittel bei Verhaltensproblemen von Kindern eingesetzt werden.
Bei einer Veranstaltung zur Hyperaktivität haben Eltern berichtet, daß ihr Kind inzwischen aufgrund der Medikation

den Schulalltag bewältige. Die Therapie bestand offensichtlich ausschließlich darin, daß der Arzt die Medikation sehr genau kontrollierte. Die Eltern beschrieben dies so: »Unser Kind ist gut geführt.« Andere Maßnahmen wurden weder ausprobiert noch in Erwägung gezogen.

Das rapide Ansteigen der ADS-Diagnosen und der entsprechenden Medikation führt zu der Fragestellung, ob unsere Gesellschaft nicht ihre Reaktion auf Bedürfnisse von Kindern überprüfen muß. So setzen sich inzwischen einige Veröffentlichungen in den Vereinigten Staaten kritisch damit auseinander, ob die Kindheit nicht pathologisiert und per Verschreibung therapiert wird. Sie weisen darauf hin, daß gestiegenes Lebenstempo, Mangel an Zeit für Kinder, zwei vollbeschäftigte Elternteile, elektronische Medien und anderes die eigentliche Ursache für die Probleme der unruhigen Kinder seien. Die *taz* umschreibt am 1. 3. 2000 provokativ dieses Phänomen folgendermaßen: »Ritalin hilft da, wo Kinder nicht das tun, was Eltern und Lehrer von ihnen wollen: Still sitzen, Klappe halten, lernen!«

Wenn ADS vermutet wird...

Hinweise für Eltern

- Bestehen Sie auf einer Untersuchung Ihres Kindes, die alle seine Lebensbereiche – Schule Familie, Freizeit – berücksichtigt und in die Diagnostik einbezieht. Wenn es um ADS geht, sind viele Untersucher voreingenommen und verfolgen unter Umständen ausschließlich eine Sichtweise. Versuchen Sie herauszufinden, wie Ihr Arzt, Kinderpsychiater oder Kinderpsychologe vorgeht, wie er diagnostiziert und welche Form der Behandlung er präferiert. Entscheiden Sie erst dann, ob Sie ihn mit Ihrem Kind konsultieren möchten.

- Akzeptieren Sie nicht, daß alle Probleme und Verhaltensweisen, die mit ADS in Verbindung gebracht werden können, ausschließlich Ausdruck einer Abnormalität des Gehirns sein sollen. Berücksichtigen Sie auch andere Erklärungsmodelle und machen Sie sich klar, daß mit Sicherheit nicht eines allein Ursache für ADS sein kann.

- Wenn Sie von Ihrem Kind sprechen, erläutern Sie seine Stärken und Schwächen und beschreiben Sie seine Persönlichkeit, sein Temperament, seine Individualität etc. Verwenden Sie möglichst keine diagnostischen Etikettierungen wie »Er / sie hat ADS.«

- Fühlen Sie sich nicht schuldig, wenn Sie Ihrem Kind kurzfristig Ritalin® geben, solange Sie von den medizinischen Untersuchungen und der Beratung, die Sie erhalten haben, überzeugt sind. Die Medikation kann wohldurchdacht angewendet sein.

- Versuchen Sie aber gleichzeitig, auch andere Wege der Behandlung in Betracht zu ziehen. Bevor Sie eine Medikation in Erwägung ziehen, schöpfen Sie erst alle erzieherischen und verhaltenstherapeutischen Möglichkeiten aus.

- Denken Sie lange und genau darüber nach, wie die Auffälligkeiten Ihres Kindes mit Ihrer eigenen Lebenssituation zusammenhängen. Verbringen Sie genügend Zeit mit Ihrem Kind und nehmen Sie an seinen Freizeitaktivitäten teil? Läßt Ihre berufliche Situation zu, daß sie sich um die Bedürfnisse Ihres temperamentvollen Kindes kümmern können? Wie wichtig ist Ihnen ein höherer Lebensstandard in Relation zu Anforderungen, die Ihr Kind an Sie stellt?
- Lassen Sie sich nicht von der Schule oder der Schulbehörde einreden, daß Ihr Kind in eine Sonderschule gehört, wenn es mit dem Lernstoff seiner Klassenstufe klarkommt. Nehmen Sie alle Hilfen in Anspruch, um dies zu verhindern. Besprechen Sie immer wieder mit den Lehrkräften über die Möglichkeit, ihr Kind in der Regelschule zu fördern.

Hinweise für Lehrkräfte

- Denken Sie daran, daß ADS-Kinder prinzipiell in die Regelschule gehören.
- Unterstützen Sie alle Anstrengungen, zusätzliche Hilfe für die Arbeit in der Klasse zu erhalten. Mehr Erwachsene im Klassenraum sind vorteilhaft für alle Kinder, besonders aber für die ADS-Kinder, die oft mehr Aufmerksamkeit und unmittelbare Rückmeldungen benötigen. Lassen Sie sich beraten und versuchen Sie Methoden und Strategien zu praktizieren, die sich als günstig für unruhige Kinder erwiesen haben.
- Berücksichtigen Sie, daß ADS-Kinder besser mit einer eher traditionellen Klassenraumstruktur zurechtkommen und auch erfolgreicher allein an einem Tisch arbeiten.
- Akzeptieren Sie, daß ADS-Kinder in Ihrer Nähe sitzen, damit sie durch Sie optimal trainiert werden.
- Ermöglichen Sie den ADS-Kindern eine 1 : 1-Betreuung, so oft dies möglich ist. Berücksichtigen Sie immer wieder die Lernprobleme dieser Kinder und denken Sie nicht im geheimen, daß alles nur mit Erziehung zu tun habe.

- Fokussieren Sie sich nicht ausschließlich auf das Verhalten des Kindes und stellen Sie nicht immer wieder dramatisch dar, welche furchtbaren Entgleisungen dem Kind wieder unterlaufen sind. Reflektieren Sie lieber Ihr eigenes Trainerverhalten und überlegen Sie, was verbessert werden kann. Akzeptieren Sie, daß es oft mit dem Kind schlecht klappt, weil der Trainer etwas falsch macht.
- Übernehmen Sie nicht die Rolle dessen, der versucht, die Eltern von der Medikation zu überzeugen, nur weil Ihnen persönlich das Kind zu lebhaft zu sein scheint. Üben Sie hier keinen Druck aus.